세상 모든 글쓰기
브랜드 네이밍

한눈에 끌리는
네임의 비밀

브랜드 네이밍

김상률 · 정이찬 지음

세상 모든 글쓰기

———

개정 증보판

알에이치코리아

차별화하라. 아니면 죽든지
Differentiate or Die

– 잭 트라우트

머리말

좋은 브랜드 네임이란 무엇인가?

브랜드 네임 개발 관련 일을 한 지 20년이 흘렀다. 처음 브랜드와 인연을 맺은 계기는 1997년 IMF 금융 위기에 처했을 때였다. 본래 경제학을 전공한 후 금융회사에 들어가고자 했는데 IMF로 인해 기회가 멀어졌고, 그 와중에 도서관에서 우연히 《브랜드 세계화》라는 책을 읽고 브랜드의 세계를 처음 접했다. 그 책을 통해 어렸을 때 입었던 속옷인 '백양'이 왜 'BYC'로 바뀌게 되었는지 알게 되었고, 이런 브랜드의 힘이 끊임없이 호기심을 자극해 지금의 이 일을 하도록 만들었다.

우리는 흔히 '브랜드' 하면 네임을 먼저 떠올린다. 그러나 브랜드는 여러 가지 아이덴티티 요소들의 결합물이다. 네임뿐만 아니라 로고와 심벌, 패키지, 슬로건, 징글 등 여러 요소들의 결합물이 바로 브랜드이다. 이 요소들 중 가장 먼저 소비자에게 각인되고, 중요한 비중을 차지하는 것이 바로 네임이다.

   '아모레퍼시픽'이 아닌 '태평양'이라는 네임으로 화장품을 판매한다면 소비자는 어떤 반응을 보일까?
   주방용 가구를 '에넥스'가 아닌 '오리표'라는 네임으로 판매한다면 소비자는 어떤 반응을 보일까?

이런 질문이 네임의 중요성을 대변해주고 있다. 네임은 짧은 시간에 소비자의 기억 속에 제품이 나타내고자 하는 가장 중요한 요소를 각인함으로써 마케팅 커뮤니케이션 활동에 중요한 역할을 한다.

필자는 대학원에서 브랜드를 전공하면서 브랜드 관련 해외 서적들을 많이 접했다. 그러나 그런 서적들 중에서 네임 개발에 관한 서적을 찾는 데는 어려움이 많았다. 일단 네임 개발 관련 서적이 극히 적었으며, 설령 접했다 하더라도 언어가 다르고 사례가 생소해서 알아듣기 어려운 부분이 많았다. 당시 국내에 소개된 네임 개발 관련 서적은 두 권에 지나지 않았다. 그중 한 권을 선택해 대학원 동기 두 명과 함께 번역해서 출간했다. 그러나 그 책의 내용은 미국에서의 네임 개발에 관한 이야기들이라 국내 실정과는 거리감이 있었다. 국내 실정에 맞는 네임 개발 관련 서적의 필요성을 절감했고, 이 책은 국내 네임 개발 사례와 내용들을 중심으로 구성하고자 했다.

대학에서 네이밍 관련 강의를 하거나 외부 기관에서 네임 개발에 관한 특강을 할 때 가장 자주 듣게 되는 말은 "네임 개발에는 정답이 없는 것 같아요."이다. 네임을 개발하는 방법은 다양하지만 그 방법들이 모두 정답을 말해주는 것은 아니라는 얘기다.

네임 개발에서 중요한 점은 크게 세 가지를 꼽을 수 있다.

첫째, 제품의 특징을 잘 나타낼 것. 둘째, 경쟁 브랜드와의 차별점을 제시할 것. 셋째, 소비자가 선호하는 단어를 활용해 소비자에게 사랑받는 네임으로 만들 것.

하지만 위 세 가지 중요 사항들을 고려해서 만든 네임안이라도 이를 객관화하는 데는 한계가 있다. 왜냐하면 언어는 인간이라면 누구나 사용하는 것이며, 사용자 개인에 따라 얼마든지 다르게 해석될 수 있기 때문이다. 즉, 누구에게는 좋은 의미로 받아들여지는 단어도 다른 누구에게는 좋지 않은 의미로 받아들여질 수도 있다. 네임 하나로 브랜드가 인지되는 것이 아니라 여러 가지 요소들과 커뮤니케이션 능력에 따라 달라질 수 있다는 것을 수많은 네이밍 프로젝트 및 클라이언트들과의 미팅을 통해 경험할 수 있었다.

네임 개발에서 중요한 것은 단순히 어떤 언어로 어떤 네임을 만드느냐가 아니다. 어떤 분석을 통해 어떤 전략을 도출하고 어떻게 기획하느냐가 훨씬 중요한 경우가 많다. 즉, 네이밍은 단순히 언어적 지식만을 가지고 있다고 해서 완벽할 수 있는 작업이 아니다. 자사와 경쟁사, 소비자를 비롯한 시장 상황을 분석할 수 있는 분석력을 지녀야 하고, 브랜드 전략 및 콘셉트를 도출해낼 수 있는 기획력과 좋은 네임안을 선별할 수 있는 통찰력을 가져야 한다.

이 책은 이러한 이해를 바탕으로 이전에 나와 있는 네이밍 관련 책들에서 다루지 못한 체계적인 네임 개발 프로세스와 실전에서 바로 활용할 수 있는 네이밍 발상법 그리고 네임 개발 시 반드시 지켜야 할 유의 사항들을 담았다. 또한 기존의 네이밍 책에서도 찾아볼 수 없었던 실제 네이밍 기획 사례를 설명함으로써 독자들의 이해를 돕고자 했다.

세상 모든 글쓰기 시리즈인 《브랜드 네이밍》은 2007년 출간되어 10년 넘게 독자들의 사랑을 받아왔다. 개정 증보판에는 브랜드 네이밍 관련 최신 내용과 아이디어 발상에 도움이 되는 네이밍 기법 등을 추가로 업데이트했다.

이 책이 브랜드 네임을 개발하고자 하는 분들께 조금이나마 도움이 될 수 있기를 바란다. 아울러 집필을 도와준 주변의 모든 분들께 고마움을 전한다.

김상률

차례

머리말 좋은 브랜드 네임이란 무엇인가? 6

1장 기업의 첫인상을 결정하는 브랜드 네임

일상에서 쓰는 모든 제품에는 '네임'이 있다 15 | 잘 지은 브랜드 네임이란 22

2장 브랜드의 가치를 높이는 네이미스트

끌리는 브랜드 네임, 누가 지을까 31 | 잘 지은 네임 하나가 매출을 올린다 40 | 네이미스트가 되려면 무엇을 준비해야 할까? 44

3장 8가지 네이밍 불변의 법칙

선도자의 법칙 51 | 후발자의 법칙 53 | 포괄성의 법칙 56 | 확장성의 법칙 58 | 전문성의 법칙 62 | 차별화의 법칙 64 | 보호성의 법칙 66 | 부정 연상 배제의 법칙 68

4장 브랜드 네임 개발 프로세스

회사 자체적으로 개발할 경우 73 | 네이밍 전문 회사에서 개발할 경우 78 | 글로벌 브랜드 네임을 개발할 경우 82

5장 1단계 : 브랜드의 정체성을 결정하는 네임 기획

프로젝트 목표를 설정하라 87 | 시장을 분석하면 네이밍의 방향이 보인다 90 | 콘셉트를 도출해 가장 적합한 방향으로 포지셔닝하라 99 | 언어적 이미지를 고려하여 신중하게 표현하라 129

6장 2단계 : 소비자를 끌어당기는 네임 발상

열린 자세와 객관성은 필수 요건이다 141 | 발상에 도움이 되는 42가지 네이밍 기법 143

7장 3단계 : 네임 선정과 상표등록

브랜드 네임 후보안 선정 기준은 무엇일까 179 | 브랜드 네임 후보안을 5점 척도로 평가하라 184 | 상표등록을 위한 요건을 검토하라 188

8장 브랜드 네임 개발 사례

신규 브랜드 네임을 통한 기대 효과 199 | 시장 외부 환경 분석과 자사 내부 환경 분석 201 | 브랜드 네임 개발 전략 209 | 브랜드 네임 표현 전략 211 | 후보안 및 최종안 선정 213

참고 문헌 215

1
기업의 첫인상을 결정하는 브랜드 네임

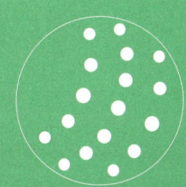

브랜드는 여러 가지 아이덴티티 요소들의 결합물이다. 네임, 로고와 심벌, 패키지, 슬로건, 징글 등 여러 요소들이 결합되어 있다. 이 중 가장 먼저 소비자가 인식하는 것이 바로 네임이다. 네임은 짧은 시간에 소비자들의 기억 속에 제품이 나타내고자 하는 것을 각인함으로써 마케팅 커뮤니케이션 활동에 중요한 역할을 한다.

일상에서 쓰는
모든 제품에는 '네임'이 있다

일상생활에서 사용하는 제품들을 살펴보면 브랜드가 없는 경우가 거의 없을 정도로 모든 제품에 브랜드가 붙어 있다. 이를 테면 아침에 일어나 '헤드앤숄더'로 머리를 감고 '아이보리' 비누로 세안을 하며 '오랄비' 칫솔에 '2080' 치약을 묻혀 양치질을 한다. 우리가 매일 먹는 쌀만 해도 2018년 특허청에 출원 및 등록된 상표가 1,900개가 넘는다고 한다. 물론 식품에 붙어 있는 브랜드들도 더 말할 나위 없이 많다.

어렸을 적 어머니 심부름으로 두부를 사러 간 기억을 떠올려 보자. 당시에는 슈퍼마켓 아주머니께 그냥 '두부 한 모 주세요.' 하면 되었다. 그때까지만 해도 브랜드 없이도 잘 팔리는 제품들이 존재했다. 그러나 요즘은 두부를 사러 가면 여러 개의 브랜드들을 보며 어떤 것을 선택할지 고민해야 한다. 이처럼 우리들은 브랜드의 홍수 또는 브랜드와의 전쟁 속에서 살고 있다.

얼마 전만 해도 백화점이나 마트 광고 전단지에서 '유명 메이커 세일'이라는 문구를 볼 수 있었으나 요즘에는 '유명 브랜드 세일'이라는 문구를 흔히 본다. 왜 '메이커'에서 '브랜드'라는 용어로 바뀐 것일까?

메이커maker는 생산자 관점에서 중요한 용어이고 브랜드brand는 소비자 관점에서 중요한 용어이다. 예전엔 물건이 귀해서 생산이 중요했으나 지금은 제품이 넘쳐나므로 그 제품을 소비하는 소비자의 권한이 더 중요해지고 있다. 이러한 상황에서 이제 브랜드는 소비자의 선택, 즉 사랑받기 위해 탄생하고 관리되고 있다. 브랜드로 살아남기 위해서는 결국 소비자의 머릿속에서만 머무는 것이 아니라 마음속에서 살아 움직이는 생명체가 되어야 한다. 그렇다면 브랜드는 어떻게 탄생했고, 기업과 소비자에게 어떤 역할을 하는지에 대해 살펴보자.

브랜드의 탄생과 정의

브랜드라는 단어는 노르웨이의 고어인 'brandr(낙인을 찍다)'에서 유래한 것으로, 앵글로색슨족이 불에 달군 인두로 자기 소유의 가축을 표시하기 위해 불도장을 찍었던 것을 가리켰다고 한다. 하지만 단지 가축에게만 소유물 표시를 한 것은 아니었다. 고대 남미 파라과이에서는 여성을 남자의 소유물이라 하여 여성의 가슴에다 마크를 새겼으며, 로마의 노예나 포로는 귀에다 마크를 새겨 넣었다. 당시 이들 표시는 주로 타인의 소유물과 자기 소유물을 구별하기 위한 식별 기능을 했다.

이 식별 기능에서 재산의 표시 기능으로 변화하기 시작한 것은 18세기 초 프랑스 산업혁명이 일어나면서 제품의 대량생산이 가능해지고, 그에 따라 유통 기구가 몇몇 단계로 분화하면서였다. 그리고 오늘날 브랜드는 생산자의 품질을 보증하는 신용과 재산의 기능으로 변화되어 그 자체로 무형 자산으로 인정받고 있다.

브랜드의 대가로 널리 알려진 미국 듀크 대학교의 켈러 교수는 '브랜드란 자신의 상품이나 서비스를 다른 상품이나 서비스와 차별화하고, 자신의 상품이나 서비스를 나타내는 것'이라고 정의했다.

한편 미국 마케팅 학회의 브랜드에 대한 정의는 다음과 같다. '브랜드란 이름name, 용어term, 기호sign, 상징symbol, 디자인design의 조합으로 하나 또는 일련의 판매업자들의 제품이나 서비스를 나타내주는 것이자, 경쟁업자들의 제품이나 서비스와 차별화시켜주는 것'이다. 즉, 소비자에게 자신의 실체를 나타내는 한편 경쟁

브랜드의 범위

트레이드 마크(상표)
- 브랜드 네임
- 브랜드 마크

사의 제품 및 서비스와의 차별성을 나타내주는 것이 바로 브랜드이다.

브랜드와 관련해 사용되는 용어에는 브랜드 네임brand name, 브랜드 마크brand mark(또는 로고logo), 트레이드 마크trade mark 등이 있다. 이를 좀 더 자세히 설명하면, 브랜드의 소리 나는 부분을 브랜드 네임이라 하고, 시각적인 요소를 브랜드 마크라고 한다. 제품을 식별하기 위해 기호 또는 문자로, 상표법에 의하여 특허청에 등록된 상표를 트레이드 마크라고 한다. 이 트레이드 마크는 법적 사용권을 보호받을 수 있다.

브랜드의 역할

요즘 소비자는 제품이나 서비스 자체를 구매하기보다는 브랜드 자체를 구입하는 브랜드 지향적 구매 행위를 하고 있다. 다시 말해 소비자가 어떤 브랜드를 인식하고 그에 관해 좋은 이미지를 갖고 있다면 타사 제품에 대해 추가적인 정보를 얻으려고 하지 않는다는 것이다. 소비자는 브랜드 지식에 근거해 제품을 판단하며 아울러 그 브랜드와 관련해 알지 못하는 것들에 대해서도 합리적인 기대를 형성한다. 따라서 경제적인 관점에서 볼 때 브랜드는 소비자의 제품 구매에 따른 탐색 비용을 줄여준다.

한편 기업의 입장에서 보면 브랜드는 소비자 행동에 영향을 미쳐서 제품을 구입하게 할 뿐만 아니라 미래 수익의 지속적인 안정을 보장하는 귀중한 법적 재산, 즉 가장 큰 무형 자산이 된다. 왜냐하면 소비자에게 사랑받는 브랜드는 그 자체로 구매 동기가 되고, 나아가 그 브랜드가 다른 제품으로 확장해 나올 경우에도 그 제품을 구매할 확률이 높기 때문이다. 또한 사랑받는 브랜드는 자연스럽게 구전 홍보가 되어 기업의 마케팅 비용을 절감해주기도 한다.

예컨대 100명의 신규 고객을 유치하는 데 들어가는 마케팅 비용과 10명의 브랜드 충성도Brand Loyalty(브랜드를 아무 조건 없이 반복적으로 구매하는 행동. 브랜드 충성도를 지닌 소비자는 항상 그 브랜드만 구매하기 때문에 기업은 미래 수익의 안정성을 확보할 수 있다)가 높은 고객을 유지하는 비용을 비교하면 후자가 비용이 적게 들면서도 효과는 매우 크다는 사실을 알 수 있다. 그러므로 기업에게 브랜드는 매우 중요하다.

소비자와 기업 사이를 매개하는 브랜드의 역할을 그림으로 나타내면 다음과 같다.

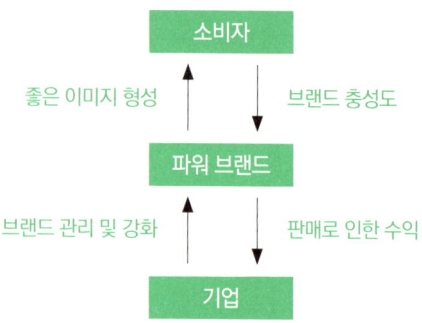

기업이 브랜드를 잘 개발하고, 관리 및 강화를 충실히 하면 그 브랜드는 파워 브랜드가 된다. 여기에서 히트 브랜드와 파워 브랜드의 차이를 짚고 넘어가자. 히트 브랜드와 파워 브랜드의 차이는 바로 기간에 있다. 단기간 크게 인기를 얻은 브랜드는 히트 브랜드이며, 오래도록 살아남은 브랜드는 파워브랜드이다.

히트 브랜드의 사례는 삼립식품의 '국진이 빵'을 들 수 있다. 이 빵은 삼립식품이 부도 위기였던 시기에 출시되어 엄청난 매출을 올렸다. 국진이 빵이 인기를 끌 수 있었던 것은 스티커를 모으기 위한 구매 동기를 유발하는 마케팅 전략이 숨어 있다. 그때 당시, 국내 탑 MC였던 김국진 씨를 캐릭터로 한 스티커가 들어 있는 국진이 빵은 파급력이 강력하여 많은 이들이 사랑하는 국민 빵으로 등극했다. 하지만 캐릭터의 인기가 차츰 떨어지면서 구매욕과 브랜드의 인기가 하락하게 된다.

파워 브랜드의 사례로는 '칠성사이다'나 '새우깡'을 들 수 있다. 이들 브랜드는 출시된 지 수십 년이 지났지만 여전히 소비자의 사랑을 받고 있다. 그러므로 기업은 새롭게 출시한 브랜드를 파워 브랜드로 키우기 위한 노력을 한다. 파워 브랜드는 소비자에게 긍정적 이미지를 형성함으로써 결국 브랜드 충성도를 갖도록 하고, 기업은 파워 브랜드의 판매로 인해 많은 수익을 얻을 수 있다. 이렇듯 브랜드는 기업과 소비자 사이의 매개체로서 중요한 역할을 한다.

잘 지은 브랜드 네임이란

소비자의 기억 속에 오래 남는 브랜드 네임의 유형

브랜드 네임은 제품의 주요한 연상과 핵심 주제를 나타내어 짧은 시간에 효과적으로 의미를 전달하는 브랜드의 핵심 요소이다. 즉, 짧은 시간에 소비자의 기억 속에 제품이 나타내고자 하는 것을 각인함으로써 마케팅 커뮤니케이션 활동에서 중요한 역할을 한다. 브랜드 네임은 소비자의 마음속에서 제품과 밀접한 관계를 이루기 때문에 한번 만들어 론칭하면 바꾸기 쉽지 않다. 따라서 브랜드 네임은 개발 단계에서부터 세심하게 기획해야 하며, 개발 후에는 잘 선별할 수 있는 안목이 필요하다. 이러한 과정을 통해 탄생한 좋은 브랜드 네임의 유형을 살펴보자.

콘셉트를 잘 표현한 네임

하이트진로홀딩스의 하이트맥주는 '천연 암반수'라는 콘셉트로 맥주 시장에 도전해 OB맥주의 아성을 깨고 맥주 시장의 1인자로 등극했다. '하이트'라는 네임은 콘셉트를 잘 전이해 기존 크라운맥주 브랜드를 대체하며 개별 제품 브랜드로 성공했고, 이후 제품명에서 기업명으로 활용되는 등 잘 지은 네임의 대표적인 사례이다.

THE HITE.
하이트맥주

트렌드를 이끈 네임

'풀무원'은 순수 우리말을 사용한 브랜드 네임으로 식품업계의 네임 트렌드를 이끌었다. '풀무원'이 소비자들의 각광을 받자 식품 브랜드들은 네임에 '자연'과 '정성'의 의미를 담기 시작했으며, 세 글자의 네임들이 많이 등장했다. 예컨대 '청정원', '해찬들', '찬마루', '산내들', '양지뜰' 등이 있다.

이미지를 쇄신시킨 네임

에넥스는 부엌 가구 전문 회사로 기존의 네임은 '오리표 싱크'였다. 1992년 상호를 지금의 '에넥스ENEX'로 변경했는데, 네임 변경 이후 기존 가격보다 20% 상승했지만 매출은 더욱 증가했다. 만일 '오리표 싱크'라는 네임으로 지금까지 판매되었다면 과연 잘 팔릴 수 있었을까? 이처럼 네임 변경을 통해 기업 이미지를 쇄신시키는 경우가 많이 늘어나고 있다.

제품의 이미지를 잘 전이한 네임

삼성전자의 '지펠Zipel' 냉장고는 '양문형 여닫이 냉장고'로 국내 고급 냉장고 시장을 열었다. 당시 국내 고급 냉장고 시장에는 '월풀Whirlpool', '서브제로Subzero', '지이GE' 등 외국 브랜드들이 포지션되어 있었다. 삼성전자는 'Zipel'이라는 이국적이고 고급스러운 브랜드 네임을 개발함으로써 고급 냉장고 시장에 성공적으로 진입했다. 만일 '지펠'이 '싱싱' 냉장고로 시장에 나왔다면 잘 팔렸을까? 또한 LG전자의 드럼 세탁기인 '트롬Tromm'을 '통돌이' 세탁기로 지었다면 잘 팔렸을까? 고급 제품은 고급 이미지에 어울리는 네임으로 개발해야 한다.

zipel®

연상성을 높일 수 있는 네임

　석유 자원이 풍부한 국가로 널리 알려진 쿠웨이트의 국영 공사는 기존 네임을 변경하면서 국가 이름과 연상성이 높은 네임을 찾았다. 그래서 개발한 네임이 바로 '큐에이트$_{Q8}$'이다. 영문 알파벳 한 글자와 숫자를 활용해 발음상 쿠웨이트와의 연상성을 높인 네임으로, 매우 크리에이티브한 네임이라는 평가를 받았다.

브랜드 네임이 중요한 세 가지 이유

브랜드 네임이 중요한 이유를 크게 세 가지로 살펴볼 수 있다.

　첫째, 브랜드 네임은 소비자에게 브랜드 충성도를 갖게 한다. 브랜드 충성도란 앞서 설명한 대로 어떤 브랜드를 이용한 후 만족스러워 다시 사용하거나, 맹목적으로 어떤 브랜드에 대한 선호도가 높아서 무조건 그 브랜드를 구매하는 행동을 말한다.

브랜드 충성도가 높으면 기업은 기존 브랜드를 새로운 제품으로 확장할 수 있을 뿐만 아니라 자연스럽게 구전 효과를 얻을 수 있으므로 마케팅 비용을 절감할 수 있다. 예컨대 '애플Apple' 브랜드에 대한 충성도가 높은 소비자는 '애플'에서 나오는 다른 제품에 대해서도 구매할 확률이 높고, 주위에 있는 사람들에게도 '애플' 브랜드에 대해 긍정적인 이야기를 퍼뜨린다. 그런 사람은 누군가 전자 제품을 구매하려고 자신에게 상담할 경우 자신이 좋아하는 브랜드인 '애플'을 추천해준다. 이때 기업은 고객에게 광고나 홍보를 하지 않았음에도 불구하고 자연스런 홍보가 이루어진다. 그야말로 '손을 안 대고도 코를 푸는' 것이다.

여러 명의 신규 고객을 유입하기 위해 들어가는 비용과 소수의 충성도 높은 고객을 유지하기 위해 들어가는 비용을 비교하면 후자가 비용은 적게 드는 반면 효과는 매우 큰 것은 이 때문이다. 이런 점을 고려할 때 기업은 고객에게 어떻게 자신의 브랜드에 대해 충성도를 갖게 할 수 있는지 고민해야 한다. 충성도를 갖게 하는 데 중요한 역할을 하는 것이 바로 브랜드 네임이다. 미국에서는 코카콜라에 대한 충성도가 높은 고객을 '코크맨', 펩시콜라에 대한 충성도가 높은 고객을 '펩시맨'이라고 부른다. 이처럼 소비자들은 자신들의 취향에 따라 브랜드에 대한 충성도를 가진다.

둘째, 브랜드 네임은 상표로 등록받음으로써 타인이 남용하는 것을 방지할 수 있다. 앞으로 상표법이 더욱 강화되어 상표 분쟁이 심화될 가능성이 높아지는 만큼 브랜드를 보호하기 위해서는 반드시 상표권을 획득해야 한다. 예컨대 아무리 좋은 네임을 사용한다고 해도 그 네임이 다른 사람이 사용하는 네임이거나 유사한 네임일 경우 상표 분쟁에 휘말릴 수 있고 이로 인해 기존에 쌓아왔던 브랜드 파워도 한순간에 무너질 수 있다.

일례로 모 회사는 관련 제품류에 상표등록을 하지 않고 '○○works'라는 네임을 사용했다. 그런데 다른 회사에서 '○○웍스'라는 한글 이름으로 앞질러 상표등록을 해서 유사 상표 건으로 소송에 휘말린 적이 있다. 이렇듯 네임은 법적 보호를 받음으로써 자신만이 사용할 수 있는 권리를 확보하는 데 매우 중요한 역할을 한다.

셋째, 브랜드 네임은 불변성을 지닌다. 브랜드를 나타내주는 아이덴티티 요소에는 네임, 로고와 심벌, 징글, 슬로건, 패키지, 캐릭터 등 여러 가지 요소가 있다. 이 중 네임은 다른 요소들에 비해 불변성을 가지는 매우 중요한 요소이다. 다른 아이덴티티 요소들은 시장 상황이나 자체 상황에 따라 변할 수 있다. 진부해진 로고나 심벌을 시대에 맞게 변화를 주거나 기업 이미지 쇄신을 위해 슬로건을 교체하는 경우가 있다.

예컨대 삼성생명의 슬로건은 'a partner for life'에서 '사람, 사랑 그리고 삼성생명'으로 바꾸었다. '신뢰받는 삶의 동반자'에서 생명보험사의 핵심 가치인 '사람에 대한 사랑'을 지향하겠다는 의미를 담은 것이다.

하지만 한번 정해진 네임은 기존에 쌓아온 브랜드 가치를 한순간에 날려버릴 수 있기 때문에 쉽게 변경해서는 안 된다. 세계적으로 브랜드 가치 평가 1위인 코카콜라는 140년이 넘는 세월 동안 로고나 용기 디자인 등 다른 요소들은 변했으나 네임은 변경하지 않았다. 코카콜라는 네임을 개발하고 선정하는 것이 왜 중요한지 말해주는 대표적인 사례이다.

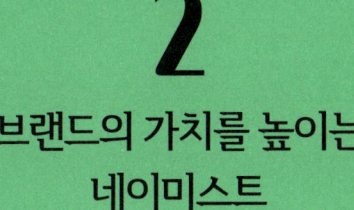

2

브랜드의 가치를 높이는 네이미스트

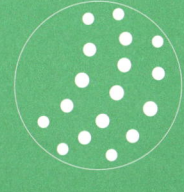

네임 개발에서 중요한 것은 어떤 언어로 어떤 네임을 만드느냐가 아니라 어떤 분석을 통해 어떤 전략을 도출하고 어떻게 기획되어 만들어지느냐이다. 네이미스트는 시장 상황과 자사와 경쟁사, 소비자를 분석할 수 있는 분석력을 지녀야 하고 전략과 콘셉트를 도출해낼 수 있는 기획력과 좋은 네임안을 선별할 수 있는 통찰력을 지녀야 한다.

끌리는 브랜드 네임,
누가 지을까

네이미스트 직업의 탄생 배경

네이미스트라는 직업은 언제 생긴 것일까? 2000년대 초에 신종 직업으로 떠오른 것이 바로 브랜드 네이미스트이다. 1988년 서울올림픽을 치르고 난 이후부터 브랜드에 대한 관심이 조금씩 증가했지만, 그때까지만 해도 브랜드에 관한 관점은 로고나 심벌 등 디자인 중심이었다. 이후 1990년대 중반으로 접어들면서 단순히 디자인의 차원이 아닌 브랜드 네임 자체의 중요성이 부각되었고 아울러 신규 제품에 대한 네임 개발 수요가 많아지면서 네이밍 관련 직업이 생겨나기 시작했다.

초기 네임 개발 작업에는 광고 대행사 출신 카피라이터들이 많이 참여했다. 하지만 좀 더 전문성이 요구되면서 네이밍을 전문으로 하는 회사와 인력들이 생겨나기 시작했다. 국내의 경우 초창기에는 언어학을 전공한 네이미스트들이 많았다. 네임은 언어로 만드는 것이므로 네이미스트는 언어의 특성에 대해 잘 아는 사람들에게 적합한 직업이기도 하다. 그러나 2000년대로 들어오면서 상황이 많이 바뀌어서 언어학을 전공한 사람 이외에도 경영학, 광고홍보학, 신문방송학, 시각디자인 등 네이미스트들의 전공 분야도 다양해졌다. 이는 네임 개발 작업이 단순히 언어만 다루는 것이 아니라 얼마나 기획을 잘하고 얼마나 네임을 잘 표현하느냐에 따라 결과가 달라질 수 있다는 것을 의미하는 것이다.

네이미스트의 세 가지 핵심 역량

네이미스트가 갖추어야 할 역량은 무엇일까? 네이미스트는 언어적 감각 이외에 네임 개발에 필요한 기획력을 갖추어야 하고, 개발된 네임안에 대해서도 선별할 수 있는 안목을 갖추어야 한다. 네임은 언어로 구성되기 때문에 언어적 감각만이 요구되는 직업이라고 생각하기 쉽다. 그러나 수많은 브랜드 속에서 자신만의 특성과 차별성을 나타내기 위해서는 기획력과 네임안에 대한 선별력 또한 네이미스트가 갖추어야 할 매우 중요한 역량이다. 그렇다면 이러한 네이미스트가 갖추어야 할 세 가지 핵심 역량에 대해 자세히 살펴보자.

첫째, 네이미스트는 기획력이 뛰어나야 한다. 기획력이 필요한 이유는 요즘 들어 브랜드 경쟁이 더욱더 치열해지고 있기 때문이다. 예전에는 좋은 언어들을 선점할 수 있었으므로 기획력보다는 좋은 단어를 찾는 것이 우선이었다. 그러나 지금은 등록되어 있는 상표의 수도 매우 많을뿐더러 앞으로는 더욱더 늘어날 전망이므로 이러한 상황에서 차별화된 네임을 찾기 위해서는 치밀한 기획력이 필요하다.

네임 개발에서의 기획력이란 시장 상황을 분석하고, 자사와 경쟁사 그리고 소비자의 특성을 파악해서 그 회사 또는 그 제품만을 위한 차별화된 전략과 네이밍 방향성을 도출할 수 있는 능력을 말한다. 이러한 기획력을 갖추기 위해서는 마케팅에 관한 일반적인 이론을 알아야 하고 논리적인 사고력을 키워야 한다.

기획에서 중요한 것은 논리성이다. 아무리 열심히 기획을 했다 할지라도 논리성이 결여되었다면 의미 없는 결과물을 생산할 수 있기 때문이다. 논리적인 사고와 기획력을 갖추기 위해서는 마케팅 관련 서적을 많이 읽고 기획에 도움이 되는 교육을 수강하거나 기획 작업을 하는 데 필요한 프레젠테이션 도구(마이크로소프트의 파워포인트 Powerpoint, 애플의 키노트 Keynote)도 능숙하게 다루는 것도 필요하다.

최근 시장 환경이 급격히 변하고 소비자의 욕구도 많이 달라짐에 따라 새로운 마케팅 기법들이 속속 생겨나고 있다. 그러므로 유능한 네이미스트가 되려면 새로운 마케팅 흐름에 발맞추어 자기 계발을 게을리 해서는 안 된다. 항상 최신 마케팅 관련 서적을 통해 지식을 쌓고 이를 기획에 반영해야 하며, 마케터와의 대화에서 뒤처져서도 안 되므로 이슈가 되는 서적들을 꾸준히 탐독하여 소비자의 트렌드를 잘 읽으려고 노력해야 한다.

　또한 최근 들어 기획력 향상을 위한 교육들이 늘어남에 따라 관련 교육에도 적극적으로 참여할 필요가 있다. 이런 기획 관련 교육은 단순히 기획서의 내용에 관해 다루는 것뿐만 아니라 프레젠테이션 도구까지 병행하며 다루는 경우가 많다. 프레젠테이션 도구를 잘 다루어야 하는 이유는 똑같은 네임안도 어떻게 표현하느냐에 따라 달라지기 때문이다. 유능한 네이미스트가 되려면 단순히 단어만을 활용해 네임안을 짓는 것이 아니라 지어진 네임을 어떻게 잘 포장하느냐도 매우 중요하다.

　둘째, 네이미스트는 언어적 감각이 뛰어나야 한다. 아무리 기획을 잘했다 할지라도 이를 표현하는 언어적 감각이 뛰어나지 못하면 좋은 결과물을 얻을 수 없다. 많은 언어 속에서 제품을 잘 표현하고 다른 경쟁 브랜드와 차별화된 단어를 찾고 이를 조합하는 일이기에 언어적 감각도 매우 중요하다.

　언어적 감각을 지닌 네이미스트는 같은 단어라도 제품과의 연관성을 고려해 여러 가지로 표현한다. 예컨대 '슈프림supreme'이라는 단어를 생각해보자. 이 단어는 '최고의, 최상의'라는 의미를 가지고 있다. 그런데 이 단어를 아파트 브랜드에 적용할 경우 자연 친화적인 이미지를 전이할 수 있다. 이 단어가 '슈프림'으로 발음되는 것을 고려해 한자 '수풀 림林'을 활용하면 자연 친화적 아파트임을 표현할 수 있다.

또 다른 예는 SK 텔레콤의 음원 서비스인 '멜론Melon'이다. 우리가 흔히 알고 있는 멜론은 먹는 과일로서 매우 친밀한 단어인데, 이 단어에 'melody on'이라는 의미를 부여함으로써 음원 서비스 브랜드 네임이 된 것이다. 이렇듯 한 단어에 대해 다양한 검토를 함으로써 각 제품이나 서비스에 어울리는 네임을 개발할 수 있는 언어적 삼사를 지녀야 한다.

언어적 감각은 단순히 네임 개발에서만 필요한 것이 아니라 브랜드 콘셉트를 도출하는 과정에서도 중요하다. 브랜드 콘셉트는 많은 키워드를 추출한 후 이들을 조합하거나 가장 적합한 한 단어로 표현해야 하므로 언어적 감각이 필요하다. 키워드를 추출하기 위해서는 영어 및 제2 외국어, 한자, 한글 등 다양한 언어 관련 사전을 잘 찾아야 하고, 프로젝트 성격에 따라 잡지나 전문지 등에 나오는 키워드도 잘 추출해야 한다. 이러한 언어적 감각은 선천적으로 타고난 경우도 있으나 후천적인 노력에 의해 개발할 수도 있다.

네이미스트들 중 네임 개발을 잘하는 두 부류가 있다. 한 부류는 뛰어난 창의력으로 단어 조합을 잘하는 사람들이고, 다른 한 부류는 흔히 알고 있는 단어가 아닌 새로운 단어를 잘 찾는 사람들이다. 특히 후자의 경우에는 많은 노력이 필요한데, 단어를 잘 찾는 것 또한 네이미스트가 갖추어야 할 중요한 자질이다.

언어적 감각을 키우기 위해서는 항상 최신 네임들에 관심을 가져야 한다. 최신 네임은 어떤 언어를 사용했고, 어떤 형태를 띠었으며, 어떤 의미를 담아, 어떻게 제품을 표현했는지에 대해 언어적 분석을 해야 한다. 이러한 언어적 분석은 향후 자신이 개발할 브랜드 네임에 대해 조금은 객관적으로 바라볼 수 있도록 도와준다.

또한 길거리 간판이나 광고에 나오는 브랜드에도 많은 관심을 가져야 한다. '왜 저 간판의 네임은 저렇게 지었을까', '왜 저 네임이 소비자에게 잘 어필할까', '저 네임은 참 재밌어서 눈길이 가네' 등등 언어가 있는 곳이라면 항상 관심을 가져야 하고 그 관심을 표출할 필요가 있다. 여기서 관심의 표출이라 함은 각각의 네임을 분석해 그것을 기록으로 남겨두는 것을 말한다. 이러한 과정을 반복적으로 하다 보면 조금씩 네임 개발에 필요한 언어적 감각을 키워나갈 수 있다.

셋째, 네이미스트는 선별력이 뛰어나야 한다. 개발된 네임안들 중에서 어떤 네임안을 선정해야 할지에 대한 안목이 필요하다. 개발된 네임안들을 선별할 때는 우선 네임안에 대한 부정 연상(발음 및 의미)을 반드시 체크해야 한다. 사전을 통해 부정적인 의미가 있지는 않은지 체크하고 인터넷 검색이나 주변 사람들을 통해서도 네임안에 대해 어떤 연상이 일어나는지를 체크해서 부정적인 연상이 일어나거나 다른 제품과의 연상성이 높은 네임안들은 걸러야 한다. 한 가지 언어 또는 단어에 대해 사람들은 제각기 다르게 인식할 수 있으므로 미리 이에 관해 체크할 필요가 있다.

그다음으로는 상표 검색을 해야 한다. 아무리 좋은 네임이라도 상표로 등록할 수 없는 네임이라면 가치가 없을 수도 있고, 클라이언트에게 가져갈 수 없는 네임안이 될 수도 있다. 다른 상표와 동일하거나 유사할 경우 상표등록 자체가 안 될 뿐만 아니라 상표권 침해로 법률적인 문제가 발생할 수도 있기 때문이다. 따라서 네임안이 개발되면 우선 상표로서 등록이 가능한지 아닌지 여부부터 파악해야 한다. 이를 위해서는 상표법에 관한 일반적인 지식을 가지고 있어야 한다. 즉, 상표로서 등록이 불가능한 이유들은 어떤 것들이 있는지 알아야 하며, 상표 검색 사이트를 통해 해당 상품류 또는 서비스류에 동일하거나 유사한 상표가 있는지 필수로 검색해야 한다. 상표 검색에 관해서는 7장에서 자세히 다루기로 하겠다.

이러한 상표 검색 과정을 거쳐 상표로서 등록 가능한 네임안에 대해서는 소비자 및 회사 내부의 선호도 조사를 거쳐야 한다. 이때 주의해야 할 점은 네임안들이 상표 출원을 한 상태가 아니기 때문에 보안에 철저히 신경을 써야 한다는 것이다. 누군가 고의적으로 네임안을 상표로 출원할 경우 향후 사용할 수 없는 문제가 발생할 수 있기 때문이다.

선호도 조사 후 순위가 매겨지면 그때부터 네이미스트의 선별력이 필요하다. 비록 소비자 조사를 통해 1순위를 차지한 네임이라도 과연 가장 적합한지 아닌지 꼼꼼히 검토해본 후 그 기업에 적합한 브랜드 네임이 그것이 아닌 다른 네임안이라면 이를 관철시킬 수도 있어야 하는 것이다. 이때 반드시 필요한 것이 논리성이다. 왜 그 네임이 그 기업에게 가장 적합한 네임인지를 설명할 때는 선별 기준을 세우고 그에 관한 논리적인 접근을 통해 설득하는 과정이 필요하기 때문이다.

유능한 네이미스트가 되기 위해 필요한 조건이 또 있을까? 네이밍과 관련된 일을 하는 사람이라면 많은 호기심과 여러 분야에 걸친 다양한 지식은 필수라고 볼 수 있다. 또한 다양한 국제적인 경험이나 영어·불어·중국어 등 언어 관련한 공부는 이 직업에 입문하는 데 도움이 될 수 있다.

네이미스트는 특정 소비자층의 문화에 어울리고, 기업의 마케팅 전략이나 상표법 등 모든 요소를 갖춘 네이밍을 하므로 업무 자체가 매우 광범위하다. 따라서 사람이나 기업에 대한 특징을 잘 파악할 수 있는 예리한 시각을 가져야 한다.

네이미스트가 어떤 프로젝트를 진행한다면 관련 프로젝트에 집중되어야 한다. 가령 화장품 브랜드 네임을 개발 중이라면 해당 제품에 대한 충분한 이해를 위해 직접 사용해보고 경쟁사 브랜드 조사를 위해 여러 곳의 화장품 매장을 둘러봐야 한다. 사람들이 사용하는 화장품에 관심을 보이기도 하며, 화장품 관련 도서나 뷰티 커뮤니티에 게시된 자료들을 찾아서 보는 등 깊이 있는 탐구를 해야 한다.

네이미스트는 단순히 이름을 짓는 사람이 아니다. 브랜드가 오래도록 존재하여 소비자의 사랑을 받을 방법을 언어적으로 모색하는 사람이다. 치열한 경쟁 속에서 깊은 관심과 고민 없이 만들어진 네임은 소비자의 호응을 얻기 어려울 수 있다.

잘 지은 네임 하나가
매출을 올린다

사회 속 네이미스트의 역할

네이미스트가 개발한 국내 유명 브랜드로는 '휘센Whisen', '하우젠Hauzen', '에쿠스Equus', '처음처럼', '오케이캐쉬백OKcashbag', '에버랜드Everland', '하이트Hite', '레종Raison' 등이 있다. 물론 이외에도 수많은 회사명, 제품명, 서비스명이 그들에 의해 개발되고 있다. 필자는 축산업 관련 브랜드 붐이 일어나면서 한우의 브랜드 네임과 김천 축협의 송아지 브랜드 네임을 개발한 적이 있는데 그 프로젝트를 진행하면서 브랜드의 영역이 매우 넓어지고 있음을 새삼 느꼈다. 이처럼 브랜드가 넘쳐나는 세상에서 네이미스트는 새로운 언어를 만들어내고, 많은 사람들이 그 브랜드에 대해 이야기하고 사용하게 하는 중요한 역할을 한다.

그렇다면 네이미스트들은 우리 사회에서 구체적으로 어떤 역할을 하고 있을까? 네이미스트는 기업의 수익 창출에 기여한다. 많은 소비자가 선호하는 브랜드 네임은 기업이 많은 수익을 창출할 수 있도록 도와준다. 실제로 2등 기업이 1등 기업을 따라잡는 데 잘 지은 네임이 큰 역할을 하는 경우를 종종 본다. 대표적인 것이 '하이트' 맥주다. '하이트'라는 네임은 깨끗한 물을 연상시키는 아주 잘 지은 네임이다. 또한 최근 '처음처럼'이라는 소주 브랜드도 기존 소주 브랜드와의 차별화를 통해 두산의 매출 기여에 큰 공을 세운 바 있다.

기업의 수익 창출뿐만 아니라 네이미스트들은 21세기 브랜드 강국 코리아를 만들기 위해 노력하고 있다. 그들은 지자체의 농산물 공동 브랜드뿐만 아니라 국가를 대표하는 농수산물 공동 브랜드 개발에도 참여하고 있다.

21세기의 국가 경쟁력은 브랜드에 있다고 해도 과언이 아니다. 이제 브랜드는 전 세계로 뻗어나가야 한다. '소니Sony'는 일본이라는 국가를 알렸고 '노키아Nokia'는 핀란드 그리고 삼성Samsung의 '갤럭시Galaxy'는 한국을 세계에 알린 중요한 브랜드이다. 이처럼 잘 지은 브랜드를 통해 국가를 알리는 일을 하는 이들이 바로 네이미스트들이다. 이렇듯 네이미스트들은 국가 및 산업 발전을 위해 오늘도 최선을 다하고 있다.

네이미스트가 갖춰야 할 자세

네이미스트가 작업을 할 때는 어떤 자세로 임해야 할까? 모름지기 네이미스트라면 어떤 프로젝트를 진행할 때 실제 그 제품을 사용할 고객의 입장에서 그들이 원하는 네임이 무엇인지를 잘 파악해야 한다. 네임 선정에서 가장 중요한 것은 그 제품을 사용할 고객이다. 고객과의 인터뷰나 설문 조사는 반드시 거쳐야 할 과정이다. 이 과정을 통해 고객이 좋아하는 키워드나 욕구 등을 파악하고 이를 네임 개발에 반영해야 한다.

또한 네이미스트는 자신의 주관적인 판단이 아닌 객관적인 기준에 의해 네임을 추천해야 한다. 네이밍 작업을 할 때는 자칫 독단에 빠질 수도 있기 때문에 언제나 객관화할 수 있는 기준과 근거를 마련해야 한다. 네이미스트는 자신이 개발한 네임만이 최고라는 생각을 하기가 쉽다. 물론 많은 경험을 가진 네이미스트라면 그들의 주장이 맞을 때가 있다. 하지만 경험이 많든 적든 자신의 주장을 좀 더 객관화할 수 있도록 네임안에 대한 다양한 의견을 수렴하는 것이 네이미스트의 기본 자세이다.

한편 네이미스트는 끊임없이 새로운 지식과 접해서 스스로를 재충전해야 한다. 네이미스트는 특정 분야의 제품이나 서비스의 브랜드 네임만을 개발하는 것이 아니다. 다양한 분야의 프로젝트를 접하기 때문에 해당 분야의 전문가처럼 많은 지식을 가지고 관련 프로젝트를 진행해야 한다. 그러기 위해서는 지식을 쌓는 일에 소홀해서는 안 된다. 네이미스트는 단순히 언어만을 다루는 직업이 아니다. 사회 전반에 걸친 환경이나 트렌드, 마케팅, 심리학, 상표법, 디자인 등 많은 것을 공부해야 한다. 해당 프로젝트에 대해서는 클라이언트보다 더 많은 지식을 지녀야 하므로 최근에 나오는 브랜드 관련 서적 및 마케팅 관련 서적을 끊임없이 읽어야 한다.

네이미스트는 자신이 개발한 네임이 광고에 나오고 소비자의 사랑을 받을 때 가장 행복해한다. 잘 지은 네임은 마케터들의 꾸준한 관리와 소비자의 사랑으로 오랫동안 생명력을 유지하지만 그렇지 않은 경우도 있다. 네임을 잘 못 지어 사장되는 경우가 있는가 하면 마케터의 관리 부족으로 사장되는 경우도 있다. 그러므로 네이미스트는 단지 네임을 짓는 데 그칠 것이 아니라 사후 관리에도 신경을 써야 한다. 아무리 잘 지은 네임이라도 마케터 또는 브랜드 매니저의 관리가 소홀하면 무용지물이 되므로 항상 관심을 가지고 지켜보아야 한다.

네이미스트라는 직업을 가진 사람들은 자신이 개발한 브랜드가 오래도록 살아남아 소비자에게 사랑받기를 원한다. 그래서 '네이미스트는 죽어서 자신의 이름이 아닌 자신이 만든 브랜드 네임을 남긴다.'라는 우스갯소리가 있을 정도이다. 그들은 그 꿈을 이루기 위해 오늘도 열심히 네임을 개발하고 있다.

네이미스트가 되려면
무엇을 준비해야 할까?

네이미스트가 되는 방법

네이밍 관련 전문 회사들은 매해 늘어나고 있다. 예전에는 대기업만 네이밍 전문 회사를 찾았으나 이제는 정부의 정책적 지원하에 중소기업 및 자영업 분야에서도 네이밍 전문 회사를 찾는 경우가 많다. 이러한 추세는 네이밍 분야가 점차 전문적인 영역으로 자리 잡아감을 증명해주는 것이라고 할 수 있다.

네이미스트가 되려면 어떻게 해야 할까? 현재는 네이미스트의 수에 비해 네이밍 전문 회사들의 수요는 적은 편이다. 네이밍 전문 회사들이 많은 인력을 요구하지 않기 때문이다. 프로젝트의 성격에 따라 약간의 차이는 있으나, 하나의 네이밍 프로젝트를 진행할 때 대부분의 회사에서는 대개 2~3명의 내부 직원을 참여시키고 때로는 외부 프리랜서 인력이 투입되기도 한다. 이처럼 네임 개발에 필요한 인력이 모두 내부 상근 직원일 필요는 없기 때문에 고용이 적은 편이다.

네이밍 전문 회사들 중 규모가 큰 곳의 경우 내부 직원이 20명 내외이며 작은 회사의 경우는 1인이 운영하는 곳도 있다. 이렇게 회사에서 근무하는 인력이 적기 때문에 한꺼번에 많은 인원이 취업하는 경우는 드물다. 또한 공채로 뽑는 경우는 거의 없으며 인원 보충도 수시로 진행되기 때문에 취업을 원할 경우 미리 네이밍 전문 회사에 이력서를 보내놓는 것도 방법이다. 미리 보낸 이력서가 순서상 우위를 가질 수 있으며 때에 따라서는 네이밍 프리랜서로 활동할 기회도 생길 수 있다.

이력서에는 네이밍과 관련된 자신의 장점을 드러내는 것이 좋다. 언어적 감각이나 기획력이 뛰어남을 보일 수 있다면 면접의 기회를 얻을 확률이 높아질 것이다. 네이밍 전문 회사들 중 일부 회사는 면접하기 전에 네이밍 과제를 내주는 경우도 있다. 언어 감각을 테스트하기 위해 먼저 관련 과제를 부여해서 그에 대한 평가로 직원을 선발하는 것이다. 그런가 하면 일부 회사의 경우는 본인이 직접 작성한 기획서 파일을 요구하거나 프레젠테이션을 요구하는 곳도 있으므로 미리 준비를 해야 한다. 가상의 프로젝트를 본인이 직접 기획하여 개발된 결과물을 선보이는 것도

눈에 띌 수 있는 좋은 방법이다.

사실 네이밍 전문 회사들은 경력직을 선호하는 경향을 보인다. 신입 네이미스트의 경우 일의 과정 전체를 처음부터 가르쳐야 하므로 프로젝트에 바로 투입할 수 없기 때문이다. 따라서 네이미스트가 되기 위해서는 네이밍 관련 경험이 필요하다. 이를 위해 브랜드 아카데미를 다니거나 프리랜서로서 네이밍 경험을 쌓은 후에 전문 회사의 문을 두드리는 것이 좋다. 네임 개발 관련 교육을 하는 곳은 서울에 한정된 데다가 그 수도 적다. 하지만 그런 교육을 통해 직접 네임 개발에 참여하거나 프리랜서로 활동할 수 있는 기회를 얻을 수 있고, 네이밍 회사들에 관한 정보도 얻을 수 있으므로 현재로선 가장 실효성이 높은 입문 방법이다.

직업으로서 네이미스트, 앞으로의 전망

미국에서는 브랜드 네임을 개발하는 사람을 일컬어 '네이머Namer', '브랜드 메이커Brand Maker' 또는 '네이밍 엑스퍼트Naming Expert'라는 표현을 쓴다. 네임 개발 업무도 세분화되어 제약, 자동차, 식음료 회사 등으로 전문화되어 있으며 개발 비용 또한 국내에 비해 비싸서 네임 개발자들의 연봉도 높고 유망한 직업으로 인정받고 있다.

국내에서는 브랜드 네임을 개발하는 사람을 '네이미스트Namist'라고 부르며 하나의 전문 직업으로 인정받고 있다. 예전에는 대기업 위주로 제품에 대한 네임 개발 의뢰가 있었지만 요즘에는 지방자치단체 및 중소기업, 자영업 분야에서도 네임 개발에 관한 수요가 늘면서 향후 브랜드 네임 관련 시장은 더 커질 것으로 전망된다.

수입은 대기업 기준으로 제품명을 개발할 경우 회사의 규모 및 제품의 특성에 따라 차이를 보이나 건당 대략 1,000~2,000만 원 선을 받는다. 그리고 만일 글로벌 진출을 위한 브랜드 네임 개발일 경우 상표의 상품류 검색 수에 따라 조금의 차이가 있으나 대략 4,000만~5,000만 원 선으로 가격이 형성되어 있다. 하지만 요즘은 네이밍 전눈 회사가 점차 많아지다 보니 가격 경쟁으로 인해 가격대에 따른 전문 회사들이 생겨나고 있다. 상표 검색 없이 네임안만 전달할 경우에는 100만~300만 원에 진행하는 회사도 있고, 기획 내용을 포함해 네임안을 전달할 경우에는 300만~500만 원에 진행하는 회사도 있으며, 중소기업만을 대상으로 하는 전문화된 네이밍 회사들도 있다.

네이밍 관련 회사들은 앞으로 더욱 늘어날 것으로 전망된다. 예전엔 디자인 업무만 하던 회사들도 네임 개발 관련 인력의 필요성을 많이 느끼고 있고, 광고 대행사들도 카피 이외의 네임 개발 업무에 관한 지식을 가진 인재를 요구하고 있기 때문이다.

한편 네이미스트들의 근무 환경과 보수를 살펴보면 다음과 같다. 초봉은 회사의 규모에 따라 다르지만 대략 2,800~3,800만 원 선이다. 보통 연봉 개념으로 급여를 받기 때문에 일에 대한 경력과 어떤 네임을 개발했느냐의 실적에 따라 향후 연봉에 영향을 미칠 수 있다.

회사 규모에 따라 차이가 날 수 있으나 경력 5년 이상일 경우에는 대기업 수준의 연봉을 받는 회사들도 있다. 그리고 직원들의 사기 진작을 위해 복리 후생에 보다 신경을 쓰는가 하면, 많은 것을 보고 경험해야 하는 직업의 특성을 고려해 회사에서 해외여행을 보내주기도 한다. 일부 회사들은 미국이나 중국에 해외 지사를 설립하는 경우도 늘고 있으므로 해외에서 근무할 수 있는 기회도 생겨나고 있다. 아직은 흡족하지 못한 수준일 수도 있으나 향후 네임 개발 관련 시장이 커질 경우 많은 개선과 발전이 있을 것으로 예상된다.

회사에 소속되어 일을 하는 네이미스트들도 있지만 집에서 프로젝트를 진행하는 네이미스트들도 있다. 이들은 네이밍 프리랜서로서 회사에 구속받지 않고 자신의 시간을 활용해 프로젝트를 진행한다. 프리랜서로서 프로젝트를 진행할 경우 네임안만 발상한다면 50~150만 원, 기획서 작성 및 네임안 발상까지 할 경우에는 300~500만 원 정도로 가격이 형성되어 있다.

3

8가지 네이밍 불변의 법칙

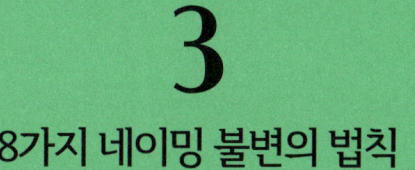

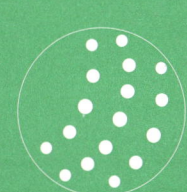

네임 개발 시 유념해야 할 네이밍 불변의 법칙은 시장 상황 및 자사 상황에 맞게, 제품의 특징에 맞게, 소비자들의 선호에 맞게, 경쟁 브랜드와는 다르게, 법률적 보호를 받을 수 있고, 부정 의미가 없는 네임을 개발해야 한다는 것이다.

선도자의 법칙

선도자는 제품 카테고리를 가장 잘 설명하는 네임을 개발해야 한다

브랜드 네임은 우선 기억하기 쉽고, 발음하기 쉬우며, 가독성이 뛰어나야 한다. 하지만 이러한 일반적인 요소들 이외에도 반드시 명심해야 할 몇 가지 법칙이 있다. 브랜드 네임은 상황에 따라 어떻게 개발해야 하는지, 그리고 네임을 개발할 때 반드시 지켜야 할 것은 무엇인지 알아보도록 하자.

최초의 제품이라면 쉽게 인지시키기

일반적으로 소비자는 가장 좋은 브랜드를 오래 기억하는 것이 아니라 가장 먼저 나온 브랜드를 오래 기억한다. 최초의 브랜드

는 보통 동일한 카테고리 안에서 대명사가 될 확률이 높다. 그러므로 만일 해당 제품 카테고리 안에서 최초의 제품이라면 그 제품을 쉽게 인지할 수 있는 네임으로 개발해야 한다. 이것이 선도자의 법칙이다. 선도자는 시장 선점과 방어를 목표로 카테고리를 가장 잘 표현해주는 적합한 개념을 선점하는 동시에 후발자들의 '미투me too' 전략을 효과적으로 방어할 수 있는 네임을 개발해야 한다. 예를 들어보자.

'가그린'의 경우 가글 시장의 선도자이다. 사람들은 '가글했다.'는 표현을 할 때 다른 제품을 사용했음에도 불구하고 '가그린 했다.'는 표현을 쓴다. 이는 선도자의 법칙을 대표할 만한 사례이다. 또 하나의 사례는 '딤채'이다. 김치 냉장고를 처음 시장에 도입할 때 김치의 고어인 '딤채'라는 네임을 활용함으로써 선도자의 법칙을 이어간 경우라 하겠다.

이와는 달리 제품을 처음 출시했으나 네임 개발을 잘못한 경우도 있다. 샴푸와 린스를 하나로 만든 린스 겸용 샴푸가 시장에 나왔을 때 선도자는 '투웨이'라는 네임을 개발했다. 그러나 이 네임은 후발자로 나온 '하나로' 샴푸를 더욱 빛나게 해주었을 뿐이다. 즉, 샴푸와 린스가 하나가 된 '투웨이'라고 커뮤니케이션하면서 결국 '하나로' 샴푸를 더욱 인지시켜주는 꼴이 되었다. 이처럼 어떤 카테고리의 선도자로 시장에 진입할 경우에는 그 카테고리의 성격을 가장 잘 설명해줄 수 있는 네임을 개발해야 한다.

후발자의 법칙

후발자는 새로운 콘셉트를 찾아 선도자와 차별화해야 한다

차별성을 강조해 시장을 선도하기

선도자가 아니라고 해서 낙담할 필요는 없다. 선도자를 따라잡거나 대등하게 만드는 다른 방법들이 있다. 관련 카테고리에서 후발자라면 선도자와의 차별성을 강조하는 네임을 개발하는 것이 좋다. 예컨대 '니어워터Near Water'는 미과즙 음료를 가장 잘 설명해주는 네임으로 시장에 론칭했다. 즉, 시장 선도자의 네임으로서 '물에 가까운 음료'라는 제품 카테고리를 잘 설명해주면서 시장을 선도했다. 이런 상황에서 후발자로 나온 '2% 부족할 때'는 '활동적인', '갈증 해소'와 같은 이미지를 부여함으로써 콘셉트 차별화를 통해 선도자를 따라잡았다. 즉, 카테고리 대표성을

우회해 타깃의 라이프스타일에 초점을 맞춘 브랜드로 개발함으로써 선도자와 차별화된 네임으로 소비자에게 어필할 수 있었던 것이다.

또 다른 사례로 SK텔레콤의 '3G+'와 KTF(현 KT)의 'Show'의 경우를 들 수 있다. SK텔레콤은 WCDMA의 속도를 더욱 발전시킨 HSDPA High Speed Downlink Packet Access(고속 하향 패킷 접속) 기술로 고화질 영상 통화, 고속 데이터 전송 등을 할 수 있는 3.5세대 이동통신 브랜드로 '3G+'를 론칭했다. 이것은 3.5세대 이동통신 서비스의 카테고리를 잘 설명해주는 네임으로 선도자의 법칙을 따랐다. 이에 반해 KTF(현 KT)는 3세대(3G) WCDMA 이동통신 브랜드로 'Show' 브랜드를 론칭했다. 선도자가 해당 카테고리를 대표할 수 있는 네임을 선택하자 이와는 달리 대중에게 친밀한 단어로 서비스의 핵심을 잘 표현한 'Show'를 내놓으면서 후발자의 법칙을 이행했다.

또 하나의 사례는 '배달통'과 '배달의 민족'이다. 딜리버리히어로 코리아는 2010년 4월 세계 최초로 '배달통'이라는 브랜드로 이용자의 위치를 기반으로 배달 가능한 음식점 정보를 제공하는 서비스를 선보였다. 그 이후 2011년에 우아한 형제들에서 '배달의 민족'이라는 이름으로 같은 콘셉트의 서비스를 출시했다. 우리나라 상고 시대의 이름이며 배달 음식을 시켜먹는다는 중의적 의미를 녹인 '배달의 민족'은 네이밍은 물론 기발한 광고에서도 소비자들의 흥미를 유도하였으며 '우리는 본래 같은 민족'이라는 콘셉트로 동질감을 유도하여 소비자를 하나로 결속시켰다. 이처럼 후발자는 선도자와는 달리 새로운 콘셉트를 네임에 반영함으로써 선도자와는 다른 차별성을 강조해야 한다.

포괄성의 법칙

해당 카테고리 내의 어떤 제품에도 어울릴 수 있어야 한다

여러 사업을 대표하는 네임 개발 시 중요한 요소

기업의 관점에서 브랜드 체계는 그룹 브랜드, 기업 브랜드, 패밀리 브랜드, 개별 브랜드, 브랜드 수식어 네임 등으로 구분해볼 수 있다. 이들 각각의 개념과 특징에 관해서는 5장에서 자세히 다루기로 하고 여기서는 포괄성을 나타낼 수 있는 패밀리 브랜드에 대해 살펴보자.

패밀리 브랜드는 해당 제품 카테고리를 포괄할 수 있는 브랜드를 말한다. 어느 한 제품에 어울리는 네임이 아닌 카테고리 안에서 관련 제품들 어디에도 어울릴 수 있는 네임이어야 한다. 예컨대 삼성전자 '하우젠Hauzen'의 경우처럼 집안의 가전제품 어디

에도 적용될 수 있어야 한다. 원래 '하우젠'이란 말은 독일어로 'haus(집) + zentrum(중심, 중앙)'의 조합어로 만들어졌다. '집안의 중심'이라는 뜻으로 김치 냉장고, 드럼 세탁기, 에어컨 등에 사용되고 있는데 이 네임은 집안의 어떤 가전제품에 사용하더라도 어울릴 정도로 매우 포괄성을 띤다.

한편 전문 업종의 회사가 아닌 여러 가지 사업을 하는 회사일 경우에는 기업명도 마찬가지로 포괄성을 띠어야 한다. 대표적인 예로 '대상'이라는 기업명을 들 수 있다. 대상은 기존 '미원'이라는 사명을 대체한 네임으로 여러 가지 사업을 확장하기에 적합한 포괄성을 띤 기업명이다. 미원이라 하면 조미료가 연상되기 때문에 다른 사업으로의 확장에는 한계가 있었다. 그러나 대상이라는 네임은 식품 이외에 IT 관련 사업(대상정보기술)에도 사용할 수 있을 만큼 포괄성이 넓은 네임이다. 이처럼 여러 제품이나 여러 사업을 대표하는 네임을 개발할 경우 포괄성은 매우 중요한 요소이다.

확장성의 법칙

기존 브랜드를 새로운 제품에 적용할 수 있어야 한다

브랜드 확장시 고려할 두 가지 조건

브랜드 확장이란 한 제품 시장에서 성공을 거둔 기존 브랜드를 다른 제품 시장의 신제품에도 사용하는 것을 말한다. 이런 확장에는 라인 확장과 카테고리 확장이 있다.

라인 확장이란 모(母) 브랜드가 사용되는 제품군 안에 신제품을 출시해서 새로운 시장을 개척하는 것을 말한다. 예컨대 2080 치약의 경우 '2080 동의생금', '2080 키즈오', '2080 프로', '2080 후레쉬톡', '2080 파워쉴드'처럼 일련의 2080 브랜드로 확장해 나가는 경우가 여기에 해당한다.

카테고리 확장은 현재 적용되는 분야가 아닌 새로운 제품군에 진입하기 위해 모 브랜드를 활용하는 경우를 말한다. 예컨대 영국의 대기업 버진 Virgin Group이 기차, 항공, 모바일, 여행사, 웨딩 사업 등 기존 사업과 전혀 다른 새로운 시장으로 확장하기 위해 모 브랜드를 활용한 경우가 여기에 해당한다.

브랜드를 확장할 때는 두 가지 조건이 있다. 첫째, 모 브랜드에 대한 우호적인 연상이 있어야 한다. 둘째, 속성 유사성에 근거한 적합도가 높아야 한다. 다시 말해 기존 모 브랜드에 대해 소비자가 긍정적인 연상을 가지고 있어야 할 뿐만 아니라 확장하고자 하는 제품 또한 모 브랜드 제품과 유사성이 있고 관련 적합도가 높아야 한다는 것이다. 만일 모 브랜드에 대한 긍정적인 연상도 없고 기존 제품과의 유사성도 낮을 경우 브랜드 확장은 실패할 가능성이 높다. 따라서 이 두 가지 조건이 충족될 때 브랜드 확장을 하는 것이 바람직하다.

기존 브랜드를 확장하는 두 가지 방법

기존 브랜드를 확장하는 방법에는 두 가지 방법이 있다. 첫째, '하이트 프라임'처럼 기존 네임을 그대로 활용하는 방법이 있다. '하이트 프라임'의 경우 기존 '하이트'의 인지도 및 선호도를 활용해 브랜드 확장을 시도한 적이 있다. 프리미엄 맥주로 새로운 고객을 유입하기 위한 전략이었다. 그래서 가격을 기존 '하이트' 가격보다 비싸게 시장에 내놓았는데 곧 문제점이 발견되었다. '하이트 프라임'이 '카스'나 '오비'와 경쟁하는 것이 아니라 '하이트'와 경쟁하고 있었던 것이다. 그래서 '하이트 프라임'이 아닌 '프라임'으로 불리게 되었으며, 가격도 기존 '하이트'와 동일하게 적용하였다.

둘째, 기존 아이덴티티의 일부를 활용하는 방법이 있다. 사례로 LG전자의 'Xnote'를 들 수 있다. LG전자는 'X'를 활용하여 'Xcanvas, Xboom, Xpion' 등으로 확장을 하였다. 한편 'Apple'의 경우 'i'를 활용하여 'iMac, iPhone, iTunes, iPod, iPad'로 확장하였으나 최근에 타사에서 'i'로 시작하는 제품들이 다양한 분야에 등장해서 소비자들에게 혼란을 야기하는 사례가 빈번해졌다. 심지어는 예상되는 신제품 카테고리의 상표권을 선점 당하는 사례들이 늘어나자 'i' 대신 'Apple'의 사과 로고()를 도형 상표화하여 'Watch()', 'TV()', 'Music()', 'Arcade()' 등의 네임들로 확장을 하고 있다. 브랜드를 확장할 때는 확장 조건을 꼼꼼히 고려해야 한다. 그리고 소비자가 인식하고 있는 일부 아이덴티티를 네임 개발에 활용하는 방법도 충분히 검토해볼 만하다.

지금까지 기존 브랜드를 확장한 사례를 알아보았다. 확장성의 법칙은 네임 개발에서 매우 중요한 전략이다. 기존 브랜드를 확장할 경우 잘 활용하면 약이 될 수도 있지만 잘못 활용하면 독이 될 수도 있기 때문에 어떤 점이 이점이고 어떤 점이 단점이 될 수 있는지를 반드시 검토해야 한다. 특히 신규 제품을 론칭하고자 브랜드 네임 개발을 고려할 때는 기존 브랜드를 확장할 것인지 새로운 브랜드 네임을 개발할 것인지는 충분히 고민해야 한다.

전문성의 법칙

자신만의 특성을 가장 잘 나타낼 수 있어야 한다

브랜드 고유의 특징을 잘 살리기

네임 개발에서 전문성을 고려해야 하는 이유는 해당 제품이 어떤 전문성을 띠고 있으며, 그 전문성을 어떻게 표현하느냐가 매우 중요하기 때문이다. 이는 포괄성의 법칙과 반대되는 개념이다. 즉, 모든 제품에 어울리는 네임이 중요한 것이 아니라 그 제품에만 어울리고 그 제품의 특징을 가장 잘 설명해주는 네임이어야 한다는 것이다. 예컨대 LG전자의 에어컨은 처음에는 'LG 바이오에어컨'이라는 네임으로 시장을 공략했으나 '바이오'가 주는 이미지가 만도 '위니아'보다 강하지 않았을 뿐더러 단어 자체가 소비자에게 공기 청정 기능이 강한 특수 에어컨이라는 이미지를 전달해주었다.

이 점을 고려해 강력한 냉방 기능을 전달할 수 있도록 새롭게 만들어진 네임이 '휘센Whisen'이다. 휘센은 '강한 바람을 보내다.'라는 의미를 지닌 네임으로 해당 제품의 전문성을 잘 표현해주고 있다. 그리고 이 네임은 '바람'과의 전문성을 연상시키기 때문에 바람과 관련된 제품, 즉 공기청정기로 브랜드 확장이 가능하다. 전문성을 잘 나타내는 네임은 관련 제품으로의 확장이 가능하다는 것을 보여주는 좋은 사례이다.

또 하나 전문성을 잘 표현해주는 네임으로 LG전자의 '트롬'을 들 수 있다. 이 네임은 독일어 'trommel(드럼)'에서 철자를 변형한 것으로 드럼 세탁기의 전문성을 잘 표현한다. 그리고 그 드럼 형태를 만영한 '트롬 건조기'로노 확상을 한 성공적인 사례이다. 이에 반해 삼성전자의 '하우젠'은 드럼 세탁기를 연상시키는 네이밍이 아니다. 이처럼 제품의 특징에 따라 전문성을 잘 표현할 수 있는 네임의 개발이 필요하며, 전문성이 잘 표현된 네임은 관련 제품으로의 브랜드 확장이 가능하다.

차별화의 법칙

남들과 달라야 선택받을 수 있다

브랜드 네임의 필수 요건, 의미 있는 차별화

브랜드 네임 개발에서 차별화는 매우 중요한 요소이다. 다른 경쟁 브랜드와의 차별화를 통해 브랜드를 소비자에게 쉽게 인지시켜야 하기 때문이다. 앞서 설명한 것처럼 후발자는 선도자와 차별화된 네임을 개발해야 한다. 차별과 차별화는 다르다. 차별은 단지 다른 것을 말하지만 여기서 차별화는 '의미 있는 차별'을 말한다. 따라서 단순히 다른 것이 중요한 것이 아니라 어떻게 다르냐가 중요하다.

LG전자가 김치 냉장고 브랜드에 '1124'라는 숫자를 활용한 것은 분명 경쟁사들이 활용하지 않은 것이므로 차별은 될 수 있었다. 그러나 진정한 차별화가 되지 못한 이유는 회사의 실정에 맞게, 즉 커뮤니케이션 비용을 고려한 네임으로 선정된 것이 아니었기 때문이다.

아파트 시장에서 네임의 차별화는 매우 중요한 요소이다. 비슷한 네임을 사용할 경우 소비자에게 혼란을 줄 수 있으므로 건설사만의 독특하고 차별화된 네임 개발은 필수 요건이다. 기존 아파트 네임들은 동네 이름을 활용하거나 건설사의 이름을 그대로 활용했다. 그러나 최근 아파트에 대한 소비자의 관심은 브랜드로 이어졌다. '월드 메르디앙'이 아파트 시장의 브랜드화를 일으키는 도화선이 되었다면, 삼성 '래미안'은 아파트 브랜드의 획을 그은 네임이다. '래미안來美安'이 기존 아파트 브랜드 패턴에서 처음으로 한사형 트렌드를 만들어낸 이후 '롯데 낙천대樂天臺', '용비어천가家', '백년가家약' 등의 네임 개발로 이어진 것이다. 그리고 포스코 건설의 '더샵 THE SHARP'은 기호를 활용한 독특한 네임으로 주목받았고, 이후 기호형 네임들이 나오기 시작했다. 이제 아파트 브랜드 전쟁에서 살아남기 위해서 차별화는 매우 중요한 요소가 되었다.

한편 음료 시장에서 '미녀는 석류를 좋아해'라는 석류 음료는 어구형의 독특한 네임으로 소비자에게 쉽게 인지될 수 있었다. 기존 네임인 '모메존'('몸에 좋은'을 변형한 네임)을 여성의 감성을 자극하는 네임으로 바꿈으로써 소비자의 사랑을 받은 것이다.

보호성의 법칙

법적 보호를 받지 못하면 무용지물이 될 수도 있다

상표로서 등록을 받아야 인정되는 권리

수많은 네임이 상표가 될 수는 있다. 그러나 그중 어떤 네임은 다른 네임보다 보호받을 수 있는 가능성이 높고 따라서 장기적으로 더 안전하고 가치가 높다.

상표권 분쟁 사례들이 꾸준히 늘어나고 있는데 일례로 한때 발효유 시장을 떠들썩하게 했던 남양유업의 '불가리스' 대 매일유업의 '불가리아' 사이의 분쟁을 들 수 있다. 남양유업의 '불가리스'가 이미 시장을 선점한 가운데 뒤늦게 매일유업이 '불가리아'로 도전하면서 상표 분쟁이 일어난 것이다. 당시 매일유업의 '불가리아'가 상표등록 무효 소송을 냈다. 당사는 불가리아 국영 기업인 LB불가리쿰과 제휴해 그 이름에 맞는 실체가 있지만, 남양 '불가리스'는 불가리아 국가와 아무 관계가 없기 때문에 '제품에 대한 소비자의 오인'을 일으켰다는 주장이었다. 하지만 결과는 남양유업 '불가리스'의 승리였다. 우리나라는 선 등록주의(최근 들어 조건에 따라 선 사용주의를 인정하는 경우도 있음)로 먼저 상표등록을 받은 쪽의 권리를 인정해주기 때문이다.

이 상표 분쟁이 주는 교훈은 '네임은 보호성을 가져야 한다.'는 것이다. 보호성을 가지지 못할 경우 다른 상표를 침해했다는 이유로 법적 소송에 휘말릴 수 있으며 네임이 사라질 수도 있다.

한편 네임을 선정할 때는 일반명사일 경우 보호성이 떨어지기 때문에 각별히 유의해야 한다. 예컨대 '자일리톨'이라는 말은 성분을 나타내는 단어이므로 그 자체로 상표등록을 받을 수 없다. 따라서 롯데 '자일리톨'은 '휘바hyvää'라는 핀란드어를 사용해 '자일리톨 휘바'라는 네임을 개발할 수밖에 없었다. 또한 소비자에게 혼동을 초래할 수 있는 여지가 있는 특정 단어는 브랜드 네임에 사용할 수 없다. 동아오츠카는 검은콩 차음료로 '블랙빈 테라피'를 출시하였는데, 출시 2주 만에 식품의약품안정청으로부터 '테라피Therapy'라는 부분이 화장품이나 의약품으로 혼동될 여지가 있다는 지적을 받고 '테라티Thera-Tea'로 바꾸게 되었다. 그러므로 네임은 상표로서 등록을 받아 경쟁사들로부터 방어하는 것이 매우 중요하다.

부정 연상 배제의 법칙

부정 연상은 언젠가 발목을 잡을 수 있다

다른 언어로 어떤 의미인지 반드시 체크하기

네임을 개발할 때 반드시 체크해야 할 부분이 발음과 의미의 부정 연상이다. 우리나라 언어로는 문제가 없으나 외국어로 표현할 때 그 단어의 의미가 달리 해석될 수 있으므로 다른 국가에서 활용될 경우에는 반드시 부정 연상에 대해 체크해야 한다.

외국의 사례 중 하나는 GM 자동차의 '노바Nova'라는 자동차 네임이다. '노바'는 영어로 '신성新星, 떠오르는 별, 새로운 별'이라는 뜻을 지닌 단어이다. 이 단어의 뜻은 미국 시장에서는 자동차에 어울리며 아무런 문제가 없었으나 GM이 이 노바Nova를 멕시코 시장에 수출하면서 단어의 의미로 인해 문제가 발생한다. 멕시코, 푸에르토리코에서는 스페인어를 사용하는데 Nova의 의미가 'Don't go'로 해석되어 소비자들로 하여금 외면당했다는 설이 있다. 미국의 'Vicks(빅스)'라는 의약품 브랜드는 독일어를 사용하는 나라에 진출할 때에는 브랜드명을 'Wicks'로 교체하여 출시를 하는데, 그 이유는 'V'가 독일에서는 'F'로 발음이 되어 '성행위를 하다.'라는 독일어의 은어와 발음이 같기 때문이다.

또 하나의 사례는 키위Kiwi인터내셔널항공사에 관한 것이다. 이 항공사는 영국의 저명한 서비스 관련 전문지에 소개될 만큼 서비스가 뛰어나다는 평가를 받았다. 그러나 4년도 지나지 않아 회사가 문을 닫고 말았다. '키위'라는 단어는 뉴질랜드에 사는 '날개가 퇴화해 날지 못하는 새'를 의미하기도 한다. 국제 항공사의 이름이 날지 못하는 새라니 결국 회사는 닐지 못하게 되었다.

국내의 사례도 많다. 도도화장품의 '도도'는 '도도하다'에서 따온 것으로 '매우 콧대 높고 자신감 있는' 등의 의미를 지닌다. 그러나 도도를 'dodo'로 영문화하면 의미가 달리 해석된다. 영문 'dodo'는 '하찮은 것, 늙은이, 날지 못하는 새'라는 의미가 있다. 이 단어를 영어권 국가 사람들이 보면 어떤 화장품 회사로 인식할까? 이에 대해 깊은 고려가 필요할 것 같다. KT&G에서 나온 담배 중 '클라우드나인Cloud9'도 문제가 있다. 클라우드나인은 행복에 이르는 단계 중 최고 절정의 단계를 의미하나, 속어로는 '마약에 취해'라는 의미를 갖고 있어 마약을 연상시킬 수도 있다.

삼성전자의 휴대전화 브랜드인 '애니콜Anycall'에도 부정 연상이 있었다. 애니콜은 국내에서 사용할 경우 '언제든 걸린다'는 의미로 해석된다. 그러나 영어권 국가에서 애니콜은 '언제든 걸면 온다'라는 뜻으로 '콜걸call girl'의 의미가 있다. 그 때문에 삼성전자는 영어권 국가 수출시 '애니콜'이 아닌 '삼성'이라는 네임을 사용하였다. 이렇듯 네임을 결정하기 전에 그 발음이나 어감이 다른 언어로는 어떤 의미를 지니고 있는지 반드시 체크해보아야 한다.

・・・

이상으로 8가지 네이밍 불변의 법칙에 대해 살펴보았다. 이를 요약하면 네임을 개발할 때 특히 유념해야 할 것은 시장 상황 및 자사 상황에 맞게, 제품의 특징에 맞게, 소비자의 선호에 맞게, 경쟁 브랜드와는 다르게, 법적 보호를 받을 수 있고, 부정 연상이 없는 네임을 개발해야 한다는 것이다.

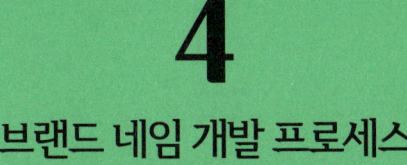

4

브랜드 네임 개발 프로세스

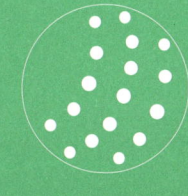

중요 사항들을 모두 고려하여 만든 네임이라도 그것을 객관화시키는 데에는 한계가 있다. 언어는 개인의 취향과 생각에 따라 달리 해석될 여지가 있기 때문이다. 따라서 성공적인 네이밍은 네임 하나로 결정되는 것이 아니라 여러 가지 요소들과 커뮤니케이션 능력 등에 따라 달라질 수 있다.

회사 자체적으로 개발할 경우

회사 내 네임 개발 시 장점과 단점

브랜드 네임을 개발하기 위해서는 우선 네임 개발 프로세스가 정해져야 한다. 여기에서는 회사 자체적으로 네임을 개발할 경우와 네이밍 전문 회사에 의뢰했을 경우로 나누어 설명하고자 한다. 회사에 따라 전문 회사에 의뢰하는 경우도 있지만 회사 자체적으로 프로세스를 만들어 직접 개발하는 경우도 있기 때문이다.

회사에서 자체적으로 브랜드를 개발할 경우에는 시간과 비용을 절감할 수 있다는 것이 장점인 반면 전문 인력이 작업에 투여되는 것이 아니어서 객관적인 관점을 확보하기 어렵다는 단점도 있다. 그러므로 미국의 일부 회사에서는 자체적으로 네임을 개발하되 워크숍 형태로 네이밍 전문 회사의 자문을 구함으로써 비용을 절감하면서도 객관적인 접근이 가능하도록 하고 있다. 향후 국내에서도 이와 같은 형태의 네이밍 컨설팅이 이루어질 것으로 예상된다.

한편 최근 들어 글로벌 브랜드 네임 개발의 필요성이 부각되면서 이에 관한 프로세스도 요구되고 있다. 글로벌 브랜드 네임 개발은 국내 브랜드 네임 개발 프로세스와 유사하나 글로벌 이미지 체크 및 해외 상표 검색 등의 항목들이 추가된다. 따라서 이에 관해서도 살펴볼 것이다.

회사 자체에서의 네임 개발 프로세스

회사 자체에서 네임을 개발할 경우에는 일반적으로 다음과 같은 프로세스를 거친다.

첫째, 신제품의 속성과 외관상의 특성 등에 대한 분석이 이루어진다. 신제품은 기존 제품과 어떻게 다른가를 분석하고 외관상 다른 제품과 차별되는 특성은 무엇인지를 분석하는 단계이다. 이 단계에서 중요한 키워드를 도출해 향후 네이밍에 활용할 수 있어야 한다.

둘째, 네이밍 개발 전략 단계로 이어진다. 이 단계에서는 네임 개발과 관련해 회사의 전반적인 브랜드 체계 및 전략에 대한 검토가 진행된다. 기존 브랜드로 확장할 것인가 아니면 새로운 브랜드를 개발할 것인가에 대해 검토하고, 그중 자사에 유리한 브랜드 전략이 무엇인지를 고려해 전략을 수립한다.

셋째, 브랜드 개발 관련 전략팀이 구성된다. 일반적으로 브랜드 매니저 조직이 구성되어 있는 회사에서 신규 브랜드를 론칭할 때는 브랜드 매니저가 디렉터가 되어 네임 개발을 진행하지만 그렇지 않은 경우에는 TFT Task Force Team가 형성된다. 이 팀에는 제품 개발, 마케팅, 영업 부서 등의 인력이 총동원되는 경우도 있다.

넷째, 신제품의 콘셉트와 브랜드 콘셉트를 설정한다. 전략팀이 구성되면 새로운 제품에 대한 콘셉트를 설정하고 많은 회의를 통해 브랜드 콘셉트를 설정한다. 제품의 콘셉트는 해당 제품의 특징을 그대로 표현하는 경우가 많으며, 브랜드 콘셉트는 여러 가지 키워드를 도출한 후 다른 경쟁 브랜드 콘셉트와의 대비를 통해 차별점을 찾아 콘셉트로 정한다. 이러한 콘셉트가 정해지면 네임 개발로 이어진다.

다섯째, 네이밍 작업에 착수한다. 이 단계에서는 경쟁 브랜드의 네임 패턴과 최근 브랜드 네임에 대한 트렌드도 분석한다. 예컨대 경쟁 브랜드가 쉬운 영어 단어로만 구성되어 있을 경우에

회사 자체적으로 네임을 개발할 경우의 프로세스

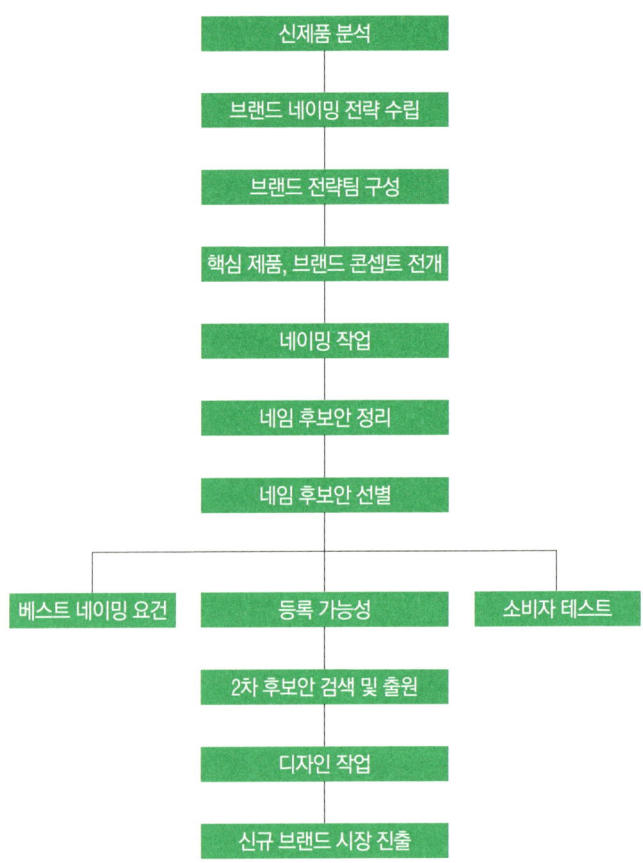

는 제2 외국어를 활용해 개발할 수도 있고 기호형이나 숫자형 등으로도 개발할 수 있다. 이것은 경쟁 브랜드 패턴을 분석한 후 차별적인 요소를 찾아 개발하는 것이다. 네이밍 작업을 할 때는 여러 국가의 언어들에 대해 고민하고, 경쟁사 대비 선도자와 후발자의 입장에 따른 네임 개발 전략도 고려해야 하며, 아울러 기존에 설정된 브랜드 콘셉트하에서 네임 개발에 관한 방향성을 설정한 후 네임 개발로 이어져야 한다.

여섯째, 후보안을 정리해 선별한다. 여러 개의 후보안 중에서 어느 것이 베스트 네이밍 요건에 해당하는지 검토하고 선별하는 단계이다. 이때는 법률적 검토, 즉 상표등록 가능성에 대해서 변리사에게 의뢰한 후 상표등록이 가능한 안들에 대해서 소비자 테스트를 실시한다. 소비자 테스트 결과 긍정적인 결과를 얻은 후보안들을 내부 최고 경영진에게 보고한다. 최종적으로 최고 경영진이 선택한 안을 상표로 출원하고 디자인 작업 이후 신규 브랜드로 시장에 론칭한다.

네이밍 전문 회사에서 개발할 경우

네이밍 전문 회사의 브랜드 네임 개발 과정

네이밍 전문 회사들의 네임 개발 프로세스는 회사마다 다를 수 있다. 그러므로 그중 대표적 사례를 들어 설명하고자 한다.

첫째, 배경 브리핑 및 자료 조사를 한다. 네이밍 전문 회사에서 클라이언트로부터 네임 개발을 의뢰받았을 때는 먼저 실무자 미팅을 갖는다. 이 실무자 미팅에서 개발하려는 제품에 대한 특성이나 경쟁 상황, 회사 내부에 대한 궁금증들을 질문한다. 즉, 네임 개발 프로젝트를 추진하려는 배경에 대해 브리핑을 받는 것이다. 이때 프로젝트 성격에 따라 임원진들에 대한 인터뷰를 실시하고 원하는 네임 개발의 방향 등을 검토한다. 네이밍 전문 회사에서는 이러한 미팅과 각종 자료를 통해 프로젝트의 배경과 필요한 사항들을 점검한다. 그 이후에는 시장 현황을 파악한다. 시장 현황을 파악하는 단계에서는 회사 자체의 브랜드 체계 및 SWOT 분석, 현 시장에 대한 분석 및 소비자 조사, 경쟁 브랜드에 대한 분석을 한다.

둘째, 브랜드 네이밍 전략 및 크리에이티브 전략을 수립한다. 이 단계에서는 어떤 브랜드 체계로 가야 할 것인지 또는 어떤 브랜드 전략으로 가야 할 것인지에 대해 검토하고, 네이밍 크리에이티브 전략 단계로 넘어가서 브랜드 콘셉트와 브랜드의 이미지 및 포지셔닝 등을 검토한다. 그다음은 발상 단계로, 어떤 언어를 활용할 것인지를 고려한다. 영어, 한글, 한자, 제2 외국어 등 제품의 특성에 따라 어떤 언어가 적합한지 선택하고, 자연어와 합성어, 조어 등 네임 형태도 고려한다. 또한 이미지 포지셔닝 맵을 활용해 경쟁 브랜드와 차별화하는 전략도 이때 수립한다.

셋째, 1차 보고(중간 보고)를 한다. 선별한 네임안에 대해 실무진들에게 1차로 프레젠테이션을 한다. 네이밍 방향성에 대한 검토와 네임안에 대한 구체적인 협의를 하고, 만일 방향성이 잘못 설정됐을 경우에는 수정해서 다음 보고에 참조한다. 중간 보고 단계에서는 실무진과의 충분한 협의가 중요하다. 만일 이 단계에서 서로의 의견을 절충하지 못하면 결과가 좋지 않을 수도 있다. 전문 회사는 논리적 근거를 가지고 실무진과 협의해야 하며,

실무진은 다른 방향에 대한 검토 이전에 경청할 자세를 갖추고 만약 방향성이 잘못됐다고 판단되면 그 이유를 제시해야 한다. 이런 과정을 거쳐 서로의 의견을 절충한다.

    넷째, 검토 과정을 거친다. 1차 보고를 통해 논의된 부분에 대해 수정하고 다시 발상한 네이밍안들의 마케팅 적합성 및 언어적 적합성에 대해 검토하며 네이밍안들에 대한 상표 검색도 한다. 상표로서의 등록 여부를 알기 위해 상표 관련 전문 변리사에게 상표 검색을 의뢰하는 것도 이때다. 대부분의 네이밍 전문 회사들은 자체적으로 동일 검색을 실시한 후 내부에서 판단하기 어려운 경우에는 유사 검색을 의뢰하는 경우가 많다. 또한 네이밍 프로젝트가 제품명이 아닌 회사명일 경우에는 해당 지방법원 상업 등기소에서 상호로서의 사용 유무에 대해 검색하는데, 클라이언트의 요구에 따라 도메인까지도 검색하곤 한다. 상표 검색을 통해 상표등록 가능 여부를 판단하고, 등록이 가능한 안들은 후보안 선정 기준에 따라 선택한다. 그리고 이 후보안들 중에서 가장 적합한 네이밍을 선정해 추천안으로 선별한다.

    다섯째, 2차 보고를 한다. 2차 보고는 최종 보고의 개념이다. 해당 회사의 임직원들을 대상으로 프레젠테이션을 하고 여기에서 결정된 네이밍안에 대해서는 법률적 재검토를 거쳐 네이밍안으로 출원한다. 그러나 2차 보고에서 선택되지 않았을 때는 동일한 방법으로 다시 네이밍을 개발해 추가로 보고한다.

네이밍 전문 회사에서 브랜드 네임을 개발할 경우의 프로세스

배경 브리핑 자료 조사
- 작업 배경
- 브랜드 사용 현황
- 국내외 관련 제품
- 브랜드 시스템 분석
- 등록상표 현황

전략 수립
- 네이밍 전략 수립
  - 차별화 전략
  - 표현 방향
- 콘셉트 설정
- 키워드 추출
- 브레인스토밍
- 1차 발상
- 2차 발상
- 3차 발상

1차 보고 (국내 브랜드 중간 보고)
- 네이밍 방향과 후보안에 대한 협의 및 조정

리뷰 검색
- 마케팅 적합성
- 언어적 적합성
- 국내 특허청 출원 상황 검색
  - www.brandlink.co.kr
  - www.kipris.or.kr
  - 특허 법률 사무소(크로스체킹)
- 우수 후보안 선정

2차 보고 (국내 브랜드 개발 완료)
- 실무진/임원진 보고
- 법적인 재검토
- 국내 브랜드 개발 완료

글로벌 브랜드 네임을 개발할 경우

해외시장 조사 및 해외 상표 검색

글로벌 브랜드 네임을 개발할 경우에도 많은 부분은 앞서 설명한 국내 브랜드 네임 개발 프로세스와 비슷하다. 다른 것은 여기에 해외시장 조사와 해외 상표 검색이 추가된다는 점인데 이에 대해 설명하면 다음과 같다.

첫째, 해외시장 조사는 글로벌 브랜드 네임 개발에서 상당히 중요한 부분이다. 해외시장 상황과 관련된 자료는 클라이언트가 가장 많이 가지고 있으나 이 자료들이 부족할 경우에는 관련 협회 및 대한무역투자진흥공사KOTRA의 자료들을 활용하기도 한다. 하지만 자료 수집이 어려울 경우에는 직접 현지를 방문해 사진 및 각종 자료를 수집해야 한다. '백문이 불여일견'이기 때문이다.

일단 네이밍 방향성이 설정되고 네임안이 개발되었을 경우에는 해외 현지인들의 네임안에 대한 부정 연상을 반드시 체크해야 한다. 개발된 네이밍이 현지 속어로 부정적인 의미가 있지는 않은지, 발음에 어려움은 없는지 등을 점검하는 것이다.

둘째, 최근 들어 해외 상표 검색 건수가 늘어나고 있는데 이는 해외로 진출하는 기업이 많아짐으로써 해외에서 안전하게 사용하기 위한 상표등록이 증가하고 있기 때문이다. 예전에는 현지 변리사를 통해 상표 검색을 의뢰할 수 있었으나 최근에는 온라인으로 검색할 수 있는 시스템들이 갖추어져 있으므로 우선 온라인 검색을 통해 1차 선별한 후 최종 추천안에 대해 2차로 현지 변리사의 확인을 받는 것이 좋다. 해외 상표를 검색하는 데 드는 비용은 국내 검색 비용의 세 배에 달하므로 순서상 국내 검색을 먼저 실시한 후 국내에서 등록 가능한 네임안에 대해 해외 검색을 실시하는 것이 비용을 절감하는 방법이다.

글로벌 브랜드 네임 개발은 국내 브랜드 네임 개발보다 네임안도 많이 발상해야 하고 검색해야 할 네임안도 많기 때문에 훨씬 시간이 많이 걸린다. 따라서 프로세스 또한 더욱더 정교하게 계획되어야 함은 두말할 나위도 없다.

글로벌 브랜드 네임 개발 프로세스

1단계

프로젝트 배경 브리핑
- 개발 배경 및 기획 의도
- 프로젝트에 필요한 충분한 자료 수집

네이밍 크리에이티브 전략 수립
- 시장 및 경쟁 브랜드 분석
- 네이밍 개발 전략 수립

1차 발상 및 점검

중간 보고
네이밍 방향성 협의 및 확정

→ 글로벌 브랜드 중간 보고

2단계

2차 발상 및 점검

브랜드 체크 및 글로벌 이미지 체크
FGI(표적 집단 면접조사)

해외 상표 검색
해당 국가 특허청 출원 및 등록상표 검색

최종 보고

→ 글로벌 브랜드 최종 보고

5

1단계 : 브랜드의 정체성을 결정하는 네임 기획

신규 브랜드 네임을 개발하기 위해서는 전반적인 브랜드 네임 개발 전략이 선행되어야 한다. 네임은 단순 언어능력만으로 개발되는 것이 아니라 분석력과 기획력이 뒷받침되어야 한다. 그러므로 앞서의 분석을 통해 전략을 도출하고 네임 개발 방향성이 설정되면 다음으로 발상 단계로 이어진다.

프로젝트 목표를 설정하라

브랜드 네임 개발의 당위성 제시하기

네임 개발에서 기획 단계는 프로젝트 정의 및 목표 설정, 시장 상황 분석, 브랜드 네임 개발 전략, 크리에이티브 네임 개발 전략 등 크게 네 가지로 나누어 설명할 수 있다.

기획 단계에서 첫 번째 해야 할 일은 오리엔테이션과 임직원 인터뷰를 통해 네임 개발을 하게 된 배경을 듣고 그에 따라 프로젝트 정의 및 목표를 설정하는 것이다. 오리엔테이션은 매우 중요한 자리다. 해당 제품과 그 시장에 대해 가장 많이 알고 있는 담당자들로부터 자세한 설명을 들어야 하고, 설명 도중 궁금증이 있으면 언제든지 물어봐야 하며, 관련된 자료도 꼼꼼히 챙겨야 한다.

　네이밍 작업에서 담당자와의 첫 미팅은 프로젝트 결과에 많은 영향을 미칠 수 있으므로 업무 일정에 대한 협의와 향후 작업 과정에서 일어날 수 있는 변수들(인터뷰 일정 및 프레젠테이션 일정 변경 등)에 대해 철저히 조율해야 한다.

　한편 기업의 프로젝트 담당자는 네이밍 전문가에게 모든 것을 맡겨서는 안 된다. 항상 관심을 갖고 더 좋은 네임이 나올 수 있도록 네이미스트들이 요청하는 자료나 의견에 대해 적극 협조해야 한다. 이러한 오리엔테이션 및 내부 인터뷰 과정을 통해 프로젝트의 정의를 내릴 수 있다.

　프로젝트 정의에는 왜 브랜드 네임을 개발해야 하는지에 대한 당위성을 제시하는 내용이 들어가야 한다. 가령 자사 내부의 환경과 시장 외부 환경 분석을 통해 현 시점에서 왜 브랜드화가 필요한지, 기존 브랜드는 어떤 문제점이 있는지 등 전반적인 배경을 통해서 프로젝트의 정의를 도출할 수 있다.

브랜드의 향후 역할에 대한 목표 설정하기

프로젝트 정의가 도출되면 이후 네임 개발을 통해 얻고자 하는 것이 무엇인지를 제시해야 하는데 이것이 목표 설정이다. 기존의 네임을 바꾸어 새로운 네임이 그 시장에서 마스터 브랜드가 되는 것을 목표로 설정한다든지, 처음 나온 제품에 새로운 네임이 카테고리 대명사가 되는 것을 목표로 설정한다든지 등 네임 개발이 향후 어떤 역할을 할 것인지에 대한 목표를 설정해야 한다.

  예컨대 화장품 회사에서 온라인 시장 공략을 위한 브랜드 네임을 개발한다면 여기에 해당하는 프로젝트 정의는 '자사의 역량과 시장 외부 환경을 고려했을 때 경쟁 브랜드와 차별화되는 온라인 화장품 브랜드 네임을 개발하는 것'이고, 프로젝트 목표는 '온라인 화장품 시장에서 대표 브랜드가 되는 것'이다. 이러한 프로젝트 정의 및 목표가 설정되면 다음으로 시장에 대한 전반적인 상황을 분석헤야 한다.

시장을 분석하면
네이밍의 방향이 보인다

브랜드 전략의 출발점, 시장 분석

네임 개발에서 시장 상황을 분석해야 하는 이유는 자사의 역량을 파악하고 현재의 경쟁 상황 및 경쟁 브랜드 패턴 분석, 소비자의 성향 및 선호하는 키워드 분석을 통해 네임 개발 전략과 네임 개발 방향을 설정할 수 있기 때문이다.

시장 분석 시 선행되어야 할 조사 항목에는 구매자들은 어떤 브랜드를 어떤 경우에 선택하는지, 또한 구매 동기와 목적은 무엇이고 구매 방법은 무엇인지, 가격에 대한 반응은 어떠한지 등이 있다. 이러한 조사를 통해 시장의 성격을 보다 명확하게 이해하고 시장을 세분화하는 데 기초적인 지식을 얻을 수 있다.

신규 브랜드를 시장에 성공적으로 진입시키기 위해서는 시장의 속성을 잘 파악해야 한다. 그러기 위해서는 시장을 세분화하고 효과적·효율적인 전략을 수립하여 세분화된 시장의 틈새를 정확하게 분석해야 한다. 시장은 제품을 구매·소비하는 소비자와 제품을 생산·판매하는 기업체 사이의 커뮤니케이션과 교환이 이루어지는 공간이므로 시장 분석은 브랜드 전략의 출발점을 의미한다.

시장 분석에서는 시장 상황과 전망이 동시에 제시되어야 한다. 그러므로 구체적인 분석에 앞서 클라이언트가 제공한 자료와 시장에 관한 일반적인 자료들을 수집할 필요가 있다. 시장에 관한 자료를 얻기 위해서는 여러 경제 연구소들과 관련 협회에 문의해야 한다. 또한 글로벌 브랜드 개발의 경우에는 해외시장의 동향과 트렌드들을 조사해 이를 바탕으로 분석해야 한다.

네임 개발의 방향성 제시, 3C 분석

3C 분석이란 자사company, 경쟁사competitor, 소비자consumer를 분석하는 것을 말한다. 이런 3C 분석을 통해 향후 네임 개발의 방향성을 제시할 수 있다.

자사 분석

3C 분석 중 가장 먼저 해야 할 것이 바로 자사 분석이다. 이는 자사 제품의 특징과 장단점, 문제점 및 핵심 경쟁력은 무엇인지를 분석하는 것이다. 이 분석을 통해 자사 제품의 장점을 가장 잘 표현할 수 있는 네임으로 개발할지 혹은 자사의 핵심 경쟁력을 잘 표현할 수 있는 네임으로 개발할지 판단한다.

자사 분석에서는 브랜드 체계에 대한 체크 및 마케팅 커뮤니케이션 예산에 대한 분석도 반드시 이루어져야 한다.

브랜드 체계를 체크해야 하는 이유는 기존 자사 브랜드와의 관계 분석을 통해 브랜드를 확장할 것인지 아니면 새로운 브랜드 네임으로 개발할 것인지를 결정할 수 있기 때문이다. 또한 기존 브랜드와의 연계성을 고려해 일부 아이덴티티를 활용할 것인지를 검토할 수도 있다. 예컨대 현대건설의 경우 현대 아이덴티티의 일부인 'H'를 활용하여 다른 제품이나 서비스에 활용하고 있다(홈타운Hometown, 하이페리온Hyperion, 힐스테이트Hillstate, 디 에이치The H). 이처럼 브랜드 체계를 체크함으로써 자사에 유리한 네임 개발 전략을 도출할 수 있는 것이다.

한편 마케팅 커뮤니케이션 예산을 분석해야 하는 이유는 예산의 규모가 어느 정도냐에 따라 전략이 달라질 수 있기 때문이다. 가령 예산이 적을 경우에는 쉽게 인지할 수 있는 네임으로, 예산이 많을 경우에는 차별화를 위해 아주 독특한 네임으로 개발할 수 있는 것이다.

예컨대 LG전자의 김치 냉장고 '1124'는 기존 '김장독'이라는 네임을 대체하는 브랜드로 시장에 나왔다. '1124'는 숫자를 활용한 브랜드 네임으로 기존 김치 냉장고 브랜드와 차별은 될 수 있었다. 그러나 커뮤니케이션을 많이 하지 않은 탓에 브랜드 인지율이 하락했고 그에 따라 시장에서 사장되고 말았다. 그 후 LG전자의 김치 냉장고는 기존의 네임이었던 '김장독'으로 회귀해야 했으며 현재에는 LG전자의 주방 관련 사업 부분의 브랜드인 LG 디오스DIOS에 '김치톡톡'이라는 매우 직관적인 네임으로 서브 브랜딩하여 활용하고 있다.

네임 개발에서 커뮤니케이션 예산에 대한 분석이 중요한 것은 이 때문이다. 쉽게 말해 비듬 방지 샴푸를 생산하는 기업의 경우 샴푸의 네임을 '노비드'로 할 것인지 '덴트롤'로 할 것인지는 자사의 커뮤니케이션 예산 규모에 따라 달라질 수 있다.

경쟁사 분석

3C 분석의 다음 단계는 경쟁사 분석이다. 이는 현재의 경쟁 상황과 경쟁사의 마케팅 커뮤니케이션 능력, 그리고 경쟁사의 브랜드 네임에 대한 패턴 및 트렌드 등을 분석하는 것이다. 즉, 경쟁 상황이 어느 정도로 치열한지, 경쟁 상황에서 어느 경쟁사 브랜드의 인지도가 높은지, 또한 경쟁사의 브랜드는 몇 글자로

되어 있고 어떤 언어와 어떤 유형의 단어를 사용하고 있는지 등 경쟁 브랜드 네임의 패턴에 대해 전반적인 분석을 하는 것이다.

예컨대 예전 SK텔레콤의 서비스 브랜드는 이니셜 브랜드(TTL, 3G+, T, B 등)가 많다. 이에 반해 경쟁사인 KTF(현 KT)의 브랜드 네임은 자연어 형태의 네임(Na, Show, Qook, GIGA 등)이 많다. 이처럼 경쟁 브랜드의 네임 패턴 분석을 통해 차별화된 네임을 개발할 수 있다.

또한 시장 상황에서 선도자의 입장인지 아니면 후발자의 입장인지를 분석함에 따라 네임 개발 전략이 달라질 수도 있다. 앞서 네이밍 불변의 법칙 중 선도자와 후발자의 법칙에서 언급했듯이 선도자의 입장일 경우 네임은 그 카테고리를 대표할 수 있는 쉬운 네임으로 개발해야 하고, 후발자의 입장일 경우에는 경쟁 상황을 고려해 독특하고 차별화된 네임을 개발해야 한다.

예컨대 샴푸와 린스가 하나가 된 샴푸의 네임을 개발하는 데 선도자의 입장이라면 이를 직접적으로 나타낼 수 있는 네임을 개발하는 것이 바람직하다. 하지만 후발자의 입장은 다르다. 경쟁자들이 모두 제품의 특징을 직접적으로 나타내는 네임들로 선점하고 있을 경우 이와 관련한 간접적이고 상징적이며 차별화된 네임으로 개발해야 한다. 그러므로 경쟁력 있고 차별화할 수 있는 브랜드 네임을 개발하기 위해 경쟁사 분석은 반드시 필요하다.

소비자 분석

3C 분석의 마지막 단계가 소비자 분석이다. 시장 세분화는 소비자 특성을 분석함으로써 이루어진다. 소비자를 분석하고 이해하며 그들의 다양한 특성을 연구하는 기업이 성공할 수 있다. 그러므로 소비자 분석은 성공적인 브랜드 전략과 기업 경영을 위해 매우 필수적인 부분이다. 결국 소비자를 얼마나 많이 알고 있느냐가 성공적인 브랜드 전략, 나아가 성공적인 기업 경영의 성패를 결정 짓는 요소인 것이다.

소비자는 크게 구매 제안자, 구매 영향력 행사자, 구매 의사 결정자, 그리고 구매자와 사용자 등으로 나누어볼 수 있다.

구매 제안자는 특정 제품이나 용역의 구매를 처음으로 제안하는 사람으로 어린이가 과자를 사달라고 조를 경우 바로 그 어린이가 이에 해당한다. 구매 영향력 행사자는 제품을 구매하는 데 어느 정도 의사 결정을 행사하는 사람으로 가령 운동 기구의 경우에는 운동선수나 스포츠 전문 위원 등이, 건강식품의 경우에는 영양학 교수나 의사 등이 이에 해당한다. 구매 의사 결정자는 최종적으로 구매 의사를 결정하는 사람으로 구매 여부, 구매하고자 하는 제품이나 가격, 방법 등을 결정한다. 가령 유아용 기저귀나 분유의 경우에는 아이가 있는 주부가 이에 해당한다. 구매자는 실제로 제품을 구입하는 사람으로 경제 수준이 달라지면 구매자도 바뀔 수 있다. 그리고 사용자는 구매한 제품을 소비하는 사람이다. 다시 유아용 기저귀나 분유의 예를 들면 구매자는 주부가 되고 사용자는 어린아이가 된다.

이처럼 소비자도 구매에 어떤 역할을 하는지에 따라 구분해서 살펴볼 필요가 있다. 왜냐하면 구매자와 사용자가 다를 경우 어느 한쪽에만 치우쳐서 네임 개발을 해서는 안 되기 때문이다. 가령 어린이 학습지 브랜드 네임을 개발한다면 사용자인 어린이만 고려해 그들의 눈높이에 맞는 네임을 개발하기보다는 그것을 구매하는 부모의 취향 또한 동시에 고려해 개발해야 한다.

그 밖에도 소비자 분석에서 고려해야 할 사항은 많다. 소비자의 나이와 성별, 기호에 따라 각각의 특성을 분석해야 하고, 소비자의 구매 패턴을 고려해야 하며, 소비자의 니즈needs를 잘 파악해 네임 개발을 해야 한다. 예컨대 10~20대 초반은 SK텔레콤의 'O Young'이나 '틱톡TikTok' 같은 브랜드를 선호한다. 이런 네임들은 이름만으로는 무슨 제품인지 알기 힘들지만 그들에게는 그것이 오히려 호기심을 자극해 사랑받은 바 있다. 그러므로 브랜드 네임을 개발할 때는 해당 제품의 소비자가 좋아할 언어를 찾아내고 분석해야 하며, 최근의 트렌드를 반영하는 언어는 무엇인지도 잘 파악해야 한다.

하지만 이때 주의해야 할 사항도 있다. 지나치게 트렌드에 치우친 언어만을 좇다가 보면 나중에는 시대에 뒤떨어지는 네임이 될 수도 있다는 점이다. 2000년대 초반 '닷컴(.com)' 열풍으로 인해 '○○닷컴'이라고 지어진 기업명들이 많았다. 그러나 닷컴 열풍이 시들자 '웅진닷컴'이 '웅진씽크빅'으로 사명을 변경한 것이 그 좋은 예이다.

기업 환경 분석의 기초, SWOT 분석

SWOT 분석이란 자사 및 경쟁사의 강점과 약점strength & weakness을 분석하고 기업 외부에서 일어나고 있는 환경 변화를 종합적으로 정리해 자사가 처한 기회와 위협opportunity & threat 요인들을 일목요연하게 제시하는 방법으로서, 이 분석을 통해 브랜드 개발의 문제점 및 방향성을 제시할 수 있다.

예컨대 A라는 통신 단말기 회사의 SWOT 분석을 살펴보자. 이 회사의 강점은 전 세계적인 생산 및 판매 조직을 갖추고 있고, CDMA 통신 기술을 보유하고 있으며, 원자재 확보 능력이 뛰어나다는 점이다. 이에 반해 약점은 마케팅 기획 능력이 부족하고, 해외 사업에 대한 통제가 부족하다는 점이다.

이 두 가지 분석을 통해 회사의 강점을 잘 살릴 수 있는 요소인 기술의 우위성을 나타낼 수 있는 키워드를 정리해 네임 개발에 반영할 수 있다. 또한 시장에 대한 기회 요인과 위협 요인을 분석해 시장 전망을 살필 수 있으며 이 또한 브랜드 네임 개발 전략에 참고로 활용할 수 있다. 이를 표로 나타내면 다음과 같다.

강점	약점
• 전 세계적인 생산 및 판매 조직 • CDMA 통신 기술 보유 • 고정적인 해외 고객 확보 • 원자재 확보 능력	• 전문 관리자 부족 • 마케팅 기획 능력 부족 • 해외 사업에 대한 통제 부족 • 수출 제품에 대한 낮은 마진
기회 요인	위협 요인
• 국내외 신규 통신 시장의 급성장 • 다양한 사업자의 시장 진출로 인한 높은 판매 가능성	• 전 세계적인 불황 • 위성통신과 같은 첨단 통신 기술의 등장 • 경쟁사들의 연구 인력에 대한 스카우트 공세

출처 : 『전략적 브랜드 관리』(안광호 외, 학현사, 2019)

3C 분석 및 SWOT 분석 요약 정리

3C 분석 및 SWOT 분석이 끝나면 각각의 특징들을 요약하고 향후 브랜드 네임 개발에서 유의해야 할 점과 중요 사항들을 정리해야 한다. 다시 말해 자사에 맞는 브랜드 네임 개발 전략과 경쟁 브랜드 분석을 통해 최근 브랜드의 트렌드와 패턴을 분석하고, 자사만의 차별점을 찾아야 하며, 소비자 분석을 통해 소비자의 특성과 선호하는 언어를 도출해야 한다.

콘셉트를 도출해
가장 적합한 방향으로 포지셔닝하라

브랜드 체계

신규 브랜드 네임을 개발하기 위해서는 전반적인 브랜드 네임 개발 전략이 선행되어야 한다. 다시 말하지만 네임은 단순히 언어 능력만으로 개발되는 것이 아니라 분석력과 기획력이 뒷받침되어야 한다. 그러므로 앞서의 분석을 통해 전략을 도출하고 네임 개발 방향성이 설정되면 다음으로 발상 단계로 이어진다.

우선 자사의 브랜드 체계를 수립한 후 네임 개발 전략을 설정하고 브랜드 콘셉트를 도출해야 한다. 콘셉트가 도출되면 브랜드 이미지 포지셔닝 맵을 통해 브랜드 네임 개발 방향을 설정한다. 포지셔닝 맵을 작성하는데 필요한 브랜드 네임 스펙트럼을 통해 언어적 위치 선정에 대해 고려해야 하며, 언어적 구분과 이미지 구분을 통해 차별점을 찾아내어 가장 적합한 방향으로 개발해야 하는 것이다.

브랜드 체계란 기업에서 제공하는 브랜드들이 효과적으로 관리될 수 있도록 각 브랜드의 역할 등을 규정해주는 브랜드 포트폴리오의 조직화된 체계를 말한다.

네임을 개발할 때는 자사 및 경쟁사의 전반적인 브랜드 체계가 어떻게 되어 있는지를 조사할 필요가 있다. 브랜드 체계 분석을 통해 그에 따른 브랜드 네임 개발 전략을 도출할 수 있기 때문이다. 기업의 관점에서 브랜드 체계는 그룹 브랜드, 기업 브랜드, 패밀리 브랜드, 개별 브랜드, 브랜드 수식어 네임 등으로 나눌 수 있다.

그룹 브랜드

그룹 브랜드group brand 네임은 그룹을 대표해 사용하는 브랜드 네임으로 우리나라 대기업의 경우 대부분 그룹 브랜드 네임을 사용하고 있다. 이는 기업 브랜드 네임보다는 상위 개념으로서 그룹의 모든 기업명에 활용되고 있다.

예 삼성, LG, SK, 롯데, 카카오

기업 브랜드

기업 브랜드corporate brand 네임은 그룹 브랜드 네임보다는 하위 개념으로서 기업을 나타내는 브랜드 네임이다. 외국 기업의 경우 업종이 전문화되어 소비자에게 구체적이고 명확한 이미지를 전달하고 있으나 국내 기업의 경우에는 아직도 그룹명을 활용해 업종만을 나타내는 곳이 많다.

예 삼성전자, 현대자동차, SK텔레콤, LG화재, 카카오게임즈

패밀리 브랜드

패밀리 브랜드family brand 네임은 기업 브랜드 네임의 하위 개념으로서 기업 브랜드 네임처럼 사용되는 곳도 있고 기업 브랜드 네임과는 별도로 사용하기도 한다. 이를 '엄브렐러 브랜드 네임umbrella brand name'이라 부르기도 하는데, 소비자는 딱딱한 기업명보다 부르기 쉬운 패밀리 브랜드 네임을 선호하는 경향이 있다.

한편 하나의 기업에서 여러 개의 사업부가 존재할 경우 각각을 대표하는 개별적인 패밀리 브랜드 네임을 사용하기도 한다. 예컨대 대상의 경우 '청정원', '웰라이프' 등 각각의 사업부를 대표하는 패밀리 브랜드 네임을 활용하고 있다.

예 삼성전자의 '하우젠Hauzen', 기아자동차 'K'시리즈, LG전자의 '디오스DIOS', 풀무원의 '생가득'

개별 브랜드

개별 브랜드individual brand 네임은 패밀리 브랜드 네임보다 하위 개념으로서 기업 브랜드 네임을 강조하지 않는 식음료나 제과 시장에서 많이 활용되고 있다. 개별 브랜드 네임은 주로 제품의 속성이나 성분, 특징을 잘 나타내주는 네임과 추상적인 네임이 사용되며 브랜드의 수명이 짧은 제품 범주에 많이 활용되고 있다.

> 예 대상 청정원의 '햇살 담은 조림 간장', 현대자동차의 '코나Kona', 코카콜라의 '조지아Georgia'커피, '서브마리너Submariner', '요트마스터Yacht-Master', '데이트저스트Datejust' 등

브랜드 수식어 네임

브랜드 수식어brand name modifier 네임은 기존 제품과는 다른 신제품임을 나타내거나 제품의 성분이나 속성을 나타내기 위해 추가되는 네임으로서 '서브 브랜드sub brand'라고도 한다. 예컨대 현대자동차 '소나타'의 경우 네임 앞에 'NF'와 같은 수식어 네임을 활용한 것은 신제품임을 나타내기 위한 것이다. 그리고 'NF' 뒤에 붙는 'N20', 'F24', 'F24S' 등의 수식어 네임은 배기량 및 자동차 성능의 차이를 나타낸다.

브랜드 수식어 네임은 수명이 짧고 표현이 구체적이기 때문에 경쟁사가 미처 강조하지 못한 속성을 얼마나 효과적으로 묘

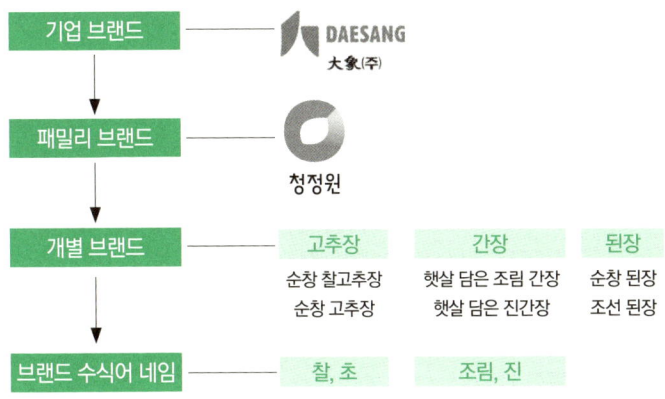

사하느냐에 따라 브랜드의 성패를 좌우할 수 있다.

예) 르노삼성자동차 'SM7'의 'LE', 'XE', 'SE', 인텔Intel 'Core'의 i3, i5, i7, i9

브랜드 네임 개발 전략의 유형

브랜드 네임 개발 전략은 새로운 브랜드와 자사 브랜드와의 관계 및 제품이나 서비스의 속성 등에 의해 기업마다 다르게 선택될 수 있다. 기업이 추구하고자 하는 방향이 전문성을 원할 경우에는 단일 브랜드를 적용시킬 수 있고, 여러 사업을 실행할 경우에는 각 사업부를 대표할 수 있는 패밀리 브랜드를 적용시킬 수 있으며, 기존 사업과는 전혀 다른 사업을 실행할 경우에는 개별 브랜드를 적용시킬 수 있다. 또한 기존 브랜드의 아이덴티티를 활용해 보증 브랜드 전략을 적용시킬 수도 있다.

이상 네 가지의 가장 기본적인 네임 개발 전략은 무엇이며 어떤 상황에서 적용되는지를 살펴보자.

단일 브랜드 전략(Monolithic Brand Strategy)

기업의 기존 브랜드 명성을 이용해 각각의 개별 제품에도 기업명을 활용하는 방법으로 기업 문화가 동일하거나 제품군이 한 가지일 경우 적합한 전략이다. 즉, '하인즈Heinz'나 '오뚜기'처럼 자사의 모든 제품에 같은 브랜드 네임을 활용하는 것으로 기업 브랜드 자체가 소비자와의 모든 커뮤니케이션에서 핵심이 되는 브랜드 역할을 한다. '카카오Kakao' 역시 기업명을 활용한 '카카오톡', '카카오맵', '카카오페이', '카카오내비', '카카오버스' 등으로 네임을 개발하여 전개하고 있다.

단일 브랜드 전략은 동전의 양면처럼 장점과 단점을 동시에 가지고 있는데 먼저 장점부터 말한다면 다음과 같다.

첫째, 이미 브랜드 가치를 구축한 단일 브랜드를 가지고 있는 기업은 신제품을 론칭할 때 소비자의 마음속에 축적된 인지도나

이미지를 잘 활용할 수 있으므로 적은 비용으로도 마케팅 활동을 효과적으로 수행할 수 있다.

둘째, 같은 브랜드를 여러 제품 범주에서 동시에 사용하면 소비자는 해당 기업이 자사의 제품 품질에 자신감을 가진 것으로 생각할 수 있다. 기업이 품질에 자신감을 가지고 있지 않다면 같은 브랜드를 지속적으로 사용하는 데에 따른 리스크를 감수하지 않을 것이다.

셋째, 같은 브랜드 네임을 사용하는 여러 제품 중 한 가지가 시장에서 성공할 경우 동일한 브랜드 네임의 다른 제품들에 대한 소비자의 관심과 구매율도 높일 수 있다. 다시 말해 한 제품이 품질에서 우수성을 인정받거나 시장에서 아주 긍정적인 평가를 받았을 때, 그 제품에 대한 신뢰감이 같은 브랜드 네임의 다른 제품에도 쉽게 전이될 수 있다는 것이다.

그러나 단점도 있다. 장점을 뒤집으면 곧 단일 브랜드 전략의 단점이 된다.

첫째, 한 가지 제품이 시장에서 부정적인 반응을 보였을 때 그 영향이 같은 브랜드 네임을 사용하는 다른 제품들에게 급격히 전이될 수 있다. 예컨대 벤츠 'C-class'에 부정적인 이미지가 발생하면 벤츠 'S-class', 'E-class'에도 전이될 수 있다는 것이다.

둘째, 이 전략은 초기의 제품들이 소비자에게 강한 이미지를 구축하면 기존의 이미지와 다른 후속 제품에 같은 이름을 사용할 경우 그 효과가 반감될 수도 있다. 예컨대 청바지 회사인 리바이스사는 자유롭고 거칠며 활동적인 옷을 만드는 회사라는 이미지가 소비자에게 인지되어 있다. 그리하여 고전적이고 개인적인 취향을 가진 고객을 타깃으로 한 '리바이스 테일러 클래식Levi's Tailored Classics'을 론칭했을 때 소비자는 이를 쉽게 받아들이지 않았다. 기존의 브랜드 이미지와 후속 제품의 이미지가 다를 경우 소비자에게 부정적일 수도 있다는 것이다.

이처럼 단일 브랜드 전략은 기업이 단일 사업 영역을 가지고 있어 사업 문화와 기업 문화가 단일화되어 있는 기업에게 효과적이다.

보증 브랜드 전략(Endorsed Brand Strategy)

기업명 또는 모 브랜드가 강력한 파워를 가진 브랜드일 경우 이를 개별 제품에도 활용하는 전략이다. 브랜드 파워가 있는 모 기업 브랜드가 관계사와 개별 제품을 보증할 수 있을 때 상호 독립성을 유지하면서 병존하는 브랜드 전략을 말한다. 예컨대 네슬레Nestle의 경우 'Nes-'를 활용해 'Nescafe', 'Nespresso', 'Nestea' 등 개별 제품군에 적용하거나, 국내에도 현대그룹이 모 기업의 아이덴티티 일부인 'H' 알파벳을 활용해 'Hmall', 'Hillstate', 'The H' 등으로 네임을 개발하는 것을 들 수 있다.

보증 브랜드 전략은 이미 긍정적인 이미지를 얻고 있는 기업의 경우 후광 효과를 활용해 관계사나 제품 브랜드의 힘을 기르는데 적용될 수 있는 전략이다. 이 전략은 사업 문화가 다양한 경우 제품군 브랜드와 관계사 브랜드의 문화나 개성을 모 기업과 함께 유지 및 발전시킬 수 있다는 것이 장점이다. 또한 강력한 모 브랜드를 통한 브랜드 인지도 및 신뢰도 제고로 직접적인 마케팅 비용을 절감할 수 있으며 신제품의 시장 진입이 용이하다는 것도 장점이다.

그러나 단점으로는 모 브랜드를 강력하게 구축하는 데 많은 비용과 시간이 필요할 뿐만 아니라 모 브랜드가 이미지에 손상을 입을 경우 새로운 브랜드에도 영향을 미칠 수 있다. 이처럼 보증 브랜드 전략은 동일한 소비자에게 판매하거나 동일한 유통 경로를 이용해 브랜드를 판매할 때 유리한 브랜드 선략이다.

패밀리 브랜드 전략(Family Brand Strategy)

기업명과는 별도로 제품 카테고리를 대표하는 패밀리 브랜드를 개발해 각각의 제품에 적용시키는 것을 말한다. 패밀리 브랜드 전략은 보증 브랜드 전략과 유사한 전략으로 장점은 패밀리 브랜드의 인지도가 높을 경우 신규 제품 론칭 시 마케팅 커뮤니케이션 비용을 절감할 수 있으며 신제품의 시장 진입이 용이하다는 것이고, 단점은 패밀리 브랜드의 인지도를 높이기 위해서는 막대한 커뮤니케이션 비용이 들고 많은 시간이 필요하다는 것이다.

또한 한 제품이 실패했을 경우 다른 제품에도 부정적인 이미지가 전이될 수 있다는 것도 단점이다. 예컨대 삼성전자 '하우젠'의 경우 만약 드럼 세탁기에 문제가 발생하면 다른 제품인 김치냉장고와 에어컨에도 부정적인 영향이 미칠 수 있다. 이처럼 패밀리 브랜드 전략 또한 앞서 보증 브랜드 네임 개발 전략처럼 동일한 소비자에게 판매하거나 동일한 유통 경로를 이용해 브랜드를 판매할 때 유리한 브랜드 전략이다.

개별 브랜드 전략(Independent Brand Strategy)

각 제품이나 서비스에 각각 다른 독자적인 브랜드를 개발해 적용하는 전략을 말한다. 개별 브랜드 전략은 각각의 제품이 별도의 독립된 시장을 형성하고 있고 기존 타 제품과의 연관성이 없을 경우 활용하면 효과적이다. 이 전략 하에서 기업 브랜드 네임은 외부 커뮤니케이션의 역할을 축소시켜 거의 드러내지 않으며 모든 사업 부문과 제품 네임을 개별적으로 적용한다.

개별 브랜드 전략의 장점은 각 제품이나 서비스의 특성을 잘 나타내줄 수 있고, 어느 한 제품에 부정적인 이미지가 발생했다 하더라도 다른 제품으로의 전이 현상이 적어 리스크를 최소화할 수 있으며, 각 제품별로 유통 및 가격 차별화 전략이 가능하다는 것이다.

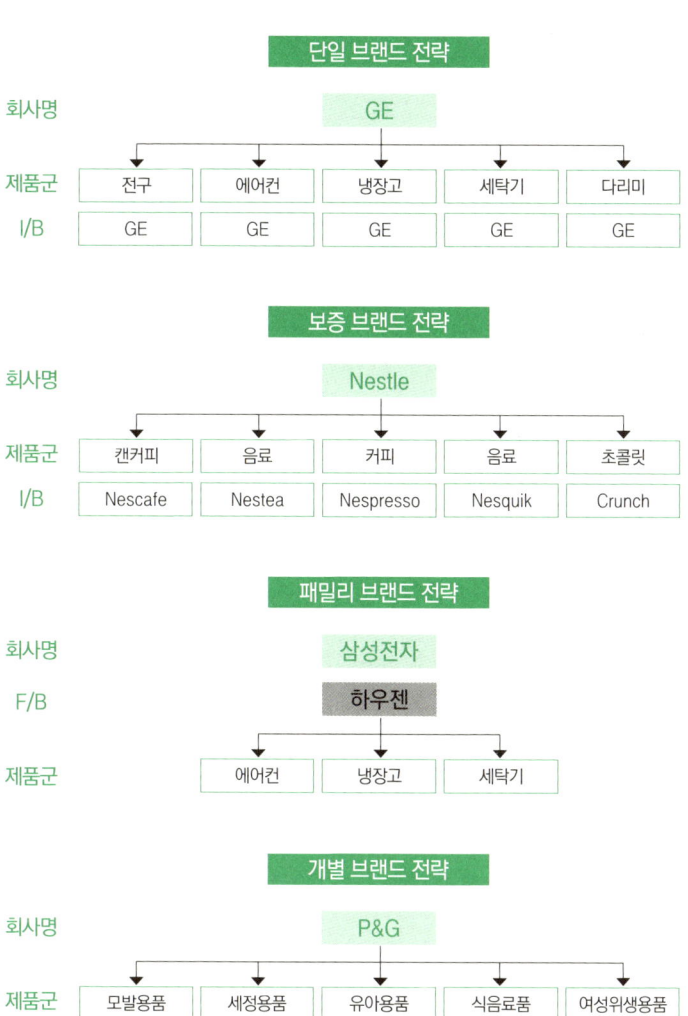

그러나 단점은 개별 브랜드들을 소비자에게 각각 알려야 하기 때문에 마케팅 커뮤니케이션 비용이 많이 들고, 소비자에게 브랜드의 혼동을 야기할 수도 있으며, 모든 브랜드에 대한 높은 브랜드 로열티를 구축하는 데 어려움이 따를 수 있다는 것이다. 예컨대 코카콜라의 경우 '환타'나 '스프라이트', '미닛메이드' 등을 커뮤니케이션할 때 코카콜라의 브랜드를 강조하지 않고 각각의 제품 브랜드를 강조하고 있기 때문에 커뮤니케이션 비용은 많이 들 수밖에 없다.

이처럼 개별 브랜드 전략은 독립된 시장에서 개별적인 제품의 특징을 강조하고자 할 때 유리한 브랜드 전략이다.

브랜드 콘셉트

브랜드 네임 개발 전략이 설정되었으면 브랜드 네임 개발의 핵심인 브랜드 콘셉트를 도출해야 한다. 브랜드 콘셉트 도출은 네임 개발 작업의 50%를 차지한다고 말할 수 있을 정도로 중요한 과정이다. 사실 네임은 이 콘셉트를 표출하는 수단에 불과하다.

모든 브랜드에는 자신만의 콘셉트가 있다. 콘셉트가 없는 것은 브랜드가 아니다. 코카콜라는 '즐거움'이라는 콘셉트를 가지고 있고, 칠성사이다는 '깨끗함'이라는 자신만의 콘셉트를 가지고 있다. 이 브랜드 콘셉트는 네임 개발뿐만 아니라 커뮤니케이션에서도 일관성 있게 적용되어야 하므로 매우 중요하다. 코카콜라의 광고는 항상 즐거움을 전이한다. 왜 그럴까? 그것은 바로 브랜드 콘셉트의 일관성 때문이다.

콘셉트의 정의

콘셉트는 '한 무리의 개별적인 것에서 공통적인 성질을 추출하여 새로 만든 개념'이다. 콘셉트는 '나는 누구인가who?', '그것은 무엇인가what?'를 나타내주는 존재의 정체성을 가리킨다. 이를 브랜드 관점에서는 '브랜드 콘셉트' 혹은 '브랜드 에센스brand essence'라고 표현하기도 한다.

핵심 콘셉트는 소비자가 제품을 통해 얻을 수 있는 실질적 혜택, 기업의 마케팅 전략상 차별화할 만한 가치가 있는 새로운 이미지와 속성 등을 추출해서 만들어야 한다. 콘셉트가 잘못 선정되면 향후 전개하는 모든 일이 의미가 없어지며 잘못 추출된 브랜드 콘셉트는 브랜드의 실패를 초래할 수도 있다. 이처럼 콘셉트를 도출하는 것은 브랜드 네임 개발 전략에서 매우 중요하고 핵심적인 일이다.

콘셉트를 도출할 때는 우선 제품의 속성을 정의하고 경쟁 제품과의 비교를 통해 강점을 파악한 후 소비자 혜택 요소를 추출해야 하며 그런 다음 차별화 요소는 무엇인지를 분석해야 한다.

이러한 과정을 거쳐 브랜드의 핵심 콘셉트가 도출된다.

콘셉트의 종류

콘셉트란 어떤 제품인지를 소비자에게 인지시키는 것으로 크게 제품 콘셉트와 브랜드 콘셉트, 두 가지로 구분할 수 있다. 우선 제품 콘셉트는 제품 자체가 가지고 있는 원시적 속성이나 개념을 말하며 이를 '오리지널 콘셉트original concept'라 부르기도 한다.

이에 반해 브랜드 콘셉트는 제품의 콘셉트에 브랜드가 더해져서 도출되는 개념이다. 브랜드로서 승화된 개념의 핵심 아이덴티티나 비전 또는 철학 등을 말하며 이를 '코어 콘셉트core concept'라고 부르기도 한다.

브랜드 콘셉트('지펠' 냉장고의 경우)

zipel®

Zero defect Intelligent Prestige Elegant Life style

제품 콘셉트	브랜드 콘셉트
양문형 여닫이 냉장고	우아하고 품격 있는 생활을 약속하는 브랜드 ↓ **지펠 스타일**

삼성전자 '지펠' 냉장고의 경우를 예로 들면 제품 콘셉트는 '양문형 여닫이 냉장고'이고, 브랜드 콘셉트는 '우아하고 품격 있는 냉장고, 지펠 스타일'이다.

콘셉트 도출

브랜드 콘셉트 도출은 어떤 브랜드에 대해 타깃이 되는 고객의 입장에서 차별화되고 가치 있게 여겨지는 이미지를 파악해나가는 과정으로서 소비자의 입장에서 볼 때 호의적이고 독특하며 강력한 연상들로 구성되어야 한다. 이를 위해서는 어떤 이미지의 브랜드가 타깃 고객에게 가치 있고 바람직한 것인지를 파악해야 하며, 동시에 이러한 이미지들이 타깃 시장 내의 경쟁 브랜드들 및 자사의 기존 브랜드들과 얼마나 효과적으로 차별화되는지에 대해서도 검토할 필요가 있다.

콘셉트 도출을 위해서는 제품이 가지고 있는 기능적인 특징과 관련된 키워드들을 추출하고, 제품 사용을 통해 소비자가 얻을 수 있는 혜택과 관련된 키워드들을 추출하며, 경쟁 브랜드 콘셉트와 차별화할 만한 키워드들을 추출해야 한다. 이상의 세 가지 과정을 통해 추출된 단어들을 합성해 어구형으로 만들거나 가장 핵심이 되는 단어를 선정해 콘셉트로 설정하는 것이다.

CJ홈쇼핑의 PB 화장품 냉장고의 브랜드 콘셉트 도출 과정을 예로 들어 설명하면 다음과 같다. 우선 제품의 기능적 속성에 관한 키워드를 도출해야 한다. 화장품 냉장고의 속성에 초점을 맞춘 키워드로는 '화장품 보호', '보관', '차가움', '싱싱', '유지' 등을 도출할 수 있다.

다음은 소비자가 얻을 수 있는 혜택으로, 화장품 냉장고를 사용함으로써 얻는 이익과 관련된 키워드를 도출한다. '피부 보호', '수호천사', '미美를 유지하다.' 등을 생각해볼 수 있으며 궁극적으로 '사랑'이라는 키워드도 도출할 수 있다. 즉, 여성들이 화장을 하는 이유는 예뻐지기 위함이며 예뻐짐으로써 사랑받을 수 있다는 것을 도출할 수 있다.

마지막으로는 경쟁 브랜드 콘셉트와 차별화할 수 있는 키워드를 도출해야 한다. 당시 경쟁 브랜드의 콘셉트가 '나만을 위한 냉장고', '우아한 그녀를 위한 냉장고' 등이었다. 그러므로 이러한 경쟁 브랜드의 콘셉트와 차별화할 수 있는 키워드를 도출해 좀 더 구체적인 콘셉트를 설정해야 했다. 그래서 도출된 브랜드 콘셉트가 '차가운 사랑'이었다. 화장품 냉장고의 속성인 '차가움'과 소비자에게 줄 수 있는 혜택인 '사랑'이라는 키워드를 도출함으로써 경쟁사와 차별화된 콘셉트를 설정한 것이다.

이처럼 브랜드 콘셉트가 설정되면 다음으로 포지셔닝 맵을 작성해야 한다. 포지셔닝 맵을 작성하기 위해서는 경쟁사 및 자사 브랜드의 언어적 포지션을 분석해야 하는데 이를 위해서는 우선 브랜드 네임 스펙트럼에 대해 알아야 한다.

브랜드 네임 스펙트럼의 정의와 중요성

브랜드 네임 스펙트럼Brand Name Spectrum은 제품과 네임과의 연관성을 규정해 스펙트럼상에서 보여주는 것이다. 이는 제품을 직접 설명한 네임인가, 제품을 연상시키는 네임인가, 제품과 전혀 연관이 없는 네임인가 등등을 언어적으로 구분해서 살펴보는 데 아주 유용하다.

브랜드 네임 스펙트럼 분석은 네임 개발 전략에서 중요한 부분을 차지한다. 왜냐하면 브랜드 네임은 브랜드의 다른 요소들과는 달리 언어로 만들어지므로 네임 스펙트럼에 따른 분석을 통해 소비자의 반응을 미리 알아볼 수 있기 때문이다.

다시 말해 브랜드 네임 스펙트럼은 네임 개발을 할 때 경쟁 브랜드의 언어적 포지션을 이해하고 자사 브랜드의 언어적 포지션을 분석할 수 있게 함으로써 각 제품군의 특성에 맞는 전략을 수립하는 데 유용하다. 뿐만 아니라 상표로서의 등록 가능 여부도 이를 통해 어느 정도 판단할 수 있고 향후 포지셔닝 맵을 그릴 때도 한 축을 형성해 활용할 수 있으므로 네이밍 방향성을 도출하는 데 많은 도움이 된다.

브랜드 네임 스펙트럼은 보편적으로 네이밍 전문 회사의 브랜드 네임 스펙트럼과 미국 상표법 기준의 브랜드 네임 스펙트럼으로 나누어볼 수 있다.

네이밍 전문 회사의 브랜드 네임 스펙트럼

가장 보편적으로 활용되는 브랜드 네임 스펙트럼은 설명어군, 연상어군, 독립어군의 세 가지 어군으로 구성된다.

설명어군

제품이나 서비스의 편익이나 속성을 설명해주는 네임으로 이 어군은 소비자에게 제품이 무엇인지를 명확하게 알려주기 때문에 커뮤니케이션이 쉽고 판촉 비용이 적게 든다는 장점이 있다.

그러나 기술이 빠르게 변화할 경우 적용하기가 어렵다는 점, 차별성이 부족하여 소비자의 관심을 끌기 어려우며 상표로서의 법적 보호성이 떨어질 수 있다는 단점이 있다.

예 야쿠르트, 후라보노, 자일리톨, 홀푸드마켓 Whole Foods Market, 아메리칸 어페럴 American Apparel

연상어군

브랜드 네임이 제공하는 적절한 가치의 연상 작용을 전달해주는 네임을 말한다. 예컨대 스포츠 브랜드 '나이키 Nike'는 뜻이 '승리의 여신'으로 스포츠를 연상시키는 네임이다. 이 어군은 제품이나 서비스가 제공하는 것과 관련된 의미를 전달함과 동시에 여타 네임과의 차별성 때문에 소비자가 기억하기 쉬우며 상표로서의 법적 보호성도 설명어군보다는 넓다는 장점이 있다.

그러나 한 가지 언어나 문화에서 도출된 네임은 다른 언어나 문화에서 완전히 다른 연상 작용을 불러일으킬 수 있으므로 네임에 대한 부정 연상 체크가 반드시 수행되어야 한다. 또한 단어 자체에서 제품이나 서비스의 의미가 명확하지 않기 때문에 이를 명확히 소비자에게 전달하기 위해서는 커뮤니케이션 비용이 많이 든다는 단점이 있다.

예 나이키 Nike(스포츠 용품), 그레이하운드 Greyhound(버스 운송 회사), 비자 VISA(신용카드), 트위터 Twitter(SNS), 아마존 Amazon(유통회사)

독립어군

네임의 의미가 제품이나 서비스와는 선혀 관련이 없고 다만 커뮤니케이션 활동을 통해 의미를 부여해주는 네임이다. 언어적 문제에서 위험 부담이 적은 이 어군은 상표등록을 할 때 독점적인 권리로 인정받기 쉽고, 많은 브랜드들 속에서 차별화되며, 단어의 의미를 내세우지 않기 때문에 국제적으로 사용이 가능하다는 장점이 있다.

그러나 그 자체로는 의미를 갖지 않기 때문에 다른 어군에 비해 커뮤니케이션 비용이 훨씬 많이 들고 의미를 부여하는 데도 시간이 많이 걸린다는 단점이 있다.

예 코닥 Kodak(필름), 잔탁 Zantac(위장약), 제록스 Xerox(복사기)

이상을 바탕으로 네이밍 전문 회사가 만든 에너지 회사의 브랜드 네임 스펙트럼을 살펴보면 다음과 같다.

설명어군에는 업종을 직접 서술하는 네임들(Oil, Gas)이 위치하고, 연상어군은 에너지를 직접 설명하지는 않지만 에너지를 연상시키는 네임들(shell, ○○ron, ○○il), 독립어군은 에너지와는 전혀 연관이 없는 단어들의 조합으로 구성된 네임들(Exxon, Conoco)이 위치한다.

각각의 어군에 대한 장단점 및 경쟁 브랜드 네임의 언어적

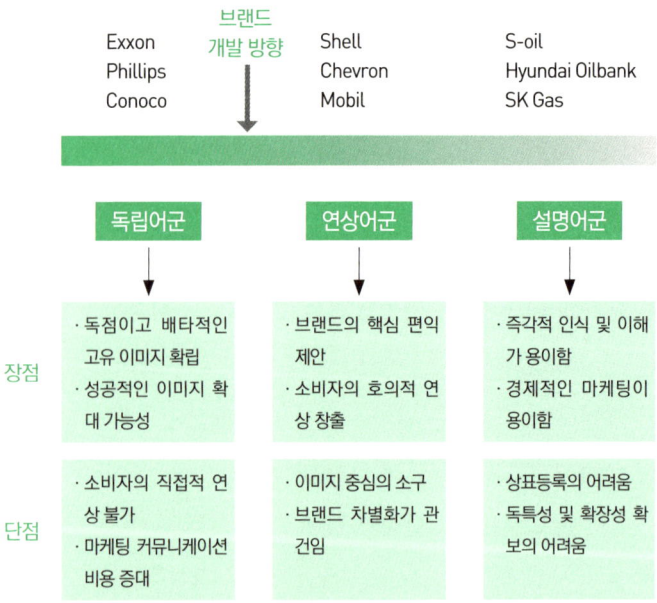

포지션을 분석한 후 자사에 가장 잘 어울리는 포지션인 연상어군에서 독립어군 중간으로 네임 개발 방향을 설정했음을 알 수 있다.

미국 상표법 기준의 브랜드 네임 스펙트럼

미국 상표법에서는 상표에 대해 다섯 가지의 스펙트럼을 제시하고 있다. 이 체계에 따르면 보통 명칭 브랜드 네임, 서술적 브랜드 네임, 암시적 브랜드 네임, 임의적 브랜드 네임, 조어적 브랜드 네임 등으로 구분된다.

보통 명칭 브랜드 네임

'컴퓨터', '공부'처럼 상품이나 서비스 자체를 가리키는 일반적인 명칭으로, 상표법상 보호를 받지 못한다. 만일 일반 소비자가 보리와 같은 일반 상품을 가리키기 위해 '보리'라는 네임을 쓴다면 그 이름이나 표현은 보통 명칭이며 따라서 상표로서 보호될 수 없다. 즉, '보리'는 보통 명칭이므로 누구나 사용할 수 있으며 어느 누구에게도 독점권이 주어지지 않는다.

예 아스피린 Aspirin(제약), 더 웹스터 TheWebster(온라인 명품 편집숍)

서술적 브랜드 네임

단순히 제품의 성격이나 색깔, 냄새, 효능, 원료, 크기, 소비자에 대한 정보 등을 전달하거나 '최고' 혹은 '가장 좋은' 등 극찬을 표현하는 네임으로, 상품을 설명하는 것에 지나지 않는다. 다른 경쟁자들이 자기의 제품을 묘사하거나 설명할 때 같은 용어를 쓸 수 있으므로 서술적 네임은 어느 한 사람만이 독점적으로 소유할 수 없고 상품의 출처를 가리키는 기능이 매우 약해 상표등록이 쉽지 않다. 서술적 네임은 앞서 설명한 네이밍 전문 회사의 브랜드 네임 스펙트럼 중 설명어군과 유사한 네임이다.

예) 홀리데이 인 Holiday Inn(호텔), 레이저젯 LaserJet(레이저 프린터)

암시적 브랜드 네임

서비스나 제품에 대한 느낌을 암시적으로 나타낸 것으로 단어 자체가 제품이나 서비스의 어떤 면을 직접 기술하지는 않는다. 즉, 제품의 특성이나 성격을 암시하지만 일반 소비자가 그 네임과 특정 제품을 연결시킨다는 점에서 보통 명칭 네임과 다르고, 제품의 특성이나 모습을 직접 기술하지 않는다는 점에서 서술적 네임과도 다르다.

예컨대 버스 운송 회사인 '그레이하운드'는 경주용 사냥개의 빠르고 날렵한 이미지를 전이함으로써 고속버스에 대한 바람직한 속성을 암시하는 네임이지만 버스 서비스의 속성 그대로를 설명한 네임은 아니다. 암시적 네임은 그 자체가 고유의 독특함을 가지고 있기 때문에 상표로서 등록받을 수 있는 가능성이 높다. 이 네임은 앞서 설명한 네이밍 전문 회사의 브랜드 네임 스펙트럼 중 연상어군과 유사한 네임이다.

예 에버레디Eveready(배터리), 그레이하운드Greyhound(버스 운송 회사)

임의적 브랜드 네임

임의적인 방법으로 일반적인 단어들을 사용하는 네임으로, 단어의 통상적인 의미가 제품이나 서비스에서 나타내고자 하는 것과는 아무런 관련이 없는 네임을 말한다. 임의적 브랜드 네임은 상표로서의 보호 범위가 넓다. 이에 대해서는 6장에서 자세히 설명하고자 한다.

예 애플Apple(컴퓨터), 타임Time(담배)

조어적 브랜드 네임

네임 자체는 아무 의미도 없지만 어느 특정 제품을 가리키기 위해 새로 만들어진 네임을 말한다. 따라서 다른 네임의 어군들보다는 상표로서 등록받기가 쉬운 편이다. 조어적 네임은 앞서 설명한 네이밍 전문 회사의 브랜드 네임 스펙트럼 중 독립어군과 유사한 네임이다.

예 케녹스Kenox(카메라), 롤렉스Rolex(시계)

이상 미국 상표법 기준의 브랜드 네임 스펙트럼을 표로 나타내면 다음과 같다.

브랜드 네임 스펙트럼

보통 명칭 브랜드 네임	아스피린(제약), 더 웹스터(온라인 명품 편집숍)
서술적 브랜드 네임	홀리데이 인(호텔), 레이저젯(레이저 프린터)
암시적 브랜드 네임	에버레디(배터리), 그레이하운드(버스 운송 회사)
임의적 브랜드 네임	애플(컴퓨터), 타임(담배)
조어적 브랜드 네임	케녹스(카메라), 롤렉스(시계)

지금까지 브랜드 네임 스펙트럼을 통해 언어적 포지션에 대해 살펴보았다. 이제부터는 네임 개발 시 경쟁 브랜드를 언어적·이미지적으로 구분해 보여줌으로써 경쟁 브랜드 포지션을 이해하고 차별점을 찾아 나아가야 할 방향을 제시하는 포지셔닝 맵에 관해 살펴보도록 하자.

브랜드 이미지 포지셔닝

브랜드 이미지 포지셔닝은 경쟁 브랜드의 언어적·이미지적 구분을 통해 브랜드 네임을 분석하고 자사만의 차별점을 찾음으로써 네임 개발 시 방향을 설정하는 데 중요한 역할을 한다.

네임을 객관적으로 분석한다는 것은 매우 어렵다. 그러나 포지셔닝 맵을 통해 언어적·이미지적 분석을 할 수 있으므로 조금이나마 객관성을 확보할 수 있다. 이제 포지셔닝은 무엇이고, 그 종류는 어떤 것들이 있으며, 포지셔닝 맵은 어떻게 활용되는지 알아보자.

포지셔닝의 정의

마케팅 전략의 전문가 잭 트라우트와 앨 리스는 공동 저작인 《포지셔닝》이란 책에서 '포지셔닝이란 소비자의 마음속에 자사 제품이 바람직한 위치를 형성하기 위해 제품의 편익을 개발하고 커뮤니케이션하는 활동이다.'라고 정의했다. 이를 더욱 간단히 말하면 '소비자의 머릿속에 제품에 대한 차별화된 인식을 갖게 하는 것'이 바로 포지셔닝이라고 할 수 있다.

예를 들어, 소비자에게 '라면 중 제일 맛있는 것이 무엇이냐?'고 물었을 때 농심의 '신라면'이라고 대답한다고 치자. 이 경우 '신라면'은 소비자의 머릿속에 라면 중 1등으로서의 차별적인 자리 매김을 한 것으로, 이를 포지셔닝 되었다고 한다.

포지셔닝이란 경쟁 브랜드를 고려해 자사 브랜드가 고객에게 효과적이고 이상적으로 소구될 수 있는 여러 가지 요인들을 개발·선별·압축해 커뮤니케이션하는 일련의 과정을 말하는데, 목적은 소비자의 마음속에 자사 브랜드를 경쟁 브랜드와 달리 차별화시켜 위치시키는 데 있다. 따라서 브랜드 포지셔닝은 마케팅 환경 및 브랜드 환경을 분석함으로써 객관적인 경쟁 우위 요소를 발견해내는 것도 중요하지만, 고객의 심리 속에 자사 브랜드가 주관적으로 얼마나 효과적인 인지 반응을 보이도록 하느냐가 더 중요하다.

포지셔닝의 핵심은 단순히 경쟁 브랜드가 소구하지 않는 것을 자사 브랜드의 이미지로 소구하는 것이 아니라 자사 브랜드의 기본적인 브랜드 정체성을 파악함으로써 경쟁 브랜드와 구별하는 것이다. 단순한 차별이 아닌 의미 있는 차별화를 이루는 것이 중요하다는 말이다.

예컨대 과거 조선맥주는 OB맥주와의 경쟁에서 시장 점유율을 절대 앞서지 못했다. 당시 맥주 전쟁은 맛의 전쟁이었으나 조선맥주는 OB맥주와의 맛의 승부에서 절대적으로 밀리고 있었다. 그러나 페놀 사건을 계기로 소비자의 깨끗한 물에 대한 관심이 높아져 있을 무렵 조선맥주는 '하이트'라는 브랜드를 내세우며 '천연 암반수라는 깨끗한 물로 만든 맥주'라는 콘셉트로 포지셔닝했다. 맥주의 준거점이 부드러운 맛에서 깨끗한 맛으로 옮겨감에 따라 '하이트' 맥주는 새로운 콘셉트를 통해 포지셔닝에 성공했다.

포지셔닝의 종류

포지셔닝의 종류로는 제품 속성에 따른 포지셔닝, 사용 상황에 따른 포지셔닝, 제품 사용자에 따른 포지셔닝, 경쟁적 포지셔닝 네 가지가 있는데 이에 대해 자세히 설명하면 다음과 같다.

- 제품 속성에 따른 포지셔닝

브랜드를 중요한 제품 속성이나 소비자 편익과 연계시키는 방법으로 기업이 많이 이용하는 포지셔닝이다.

예 볼보 Volvo(안전), 죽염 치약(잇몸 질환 예방), 클라이덴 치약(치아 미백)

- 사용 상황에 따른 포지셔닝

브랜드를 제품이 사용되는 특정 상황과 관련시켜 포지셔닝하는 것이다.

예 포카리스웨트 Pocari Sweat(운동 후 갈증 해소), 컨디션(음주 전 숙취 해소)

- 제품 사용자에 따른 포지셔닝

브랜드를 사용자나 사용자 계층과 연계시켜 포지셔닝하는 것이다.

예 불독 Bulldog(남성용 스킨케어), 정관장 화애락(여성전문 건강기능식품 브랜드)

- **경쟁적 포지셔닝**

 브랜드를 경쟁 제품과 직·간접적으로 연계시킴으로써 포지셔닝하는 것이다. 예컨대 미국에서 허츠Hertz는 렌터카 서비스업에서 1위로 소비자의 머릿속에 자리 매김되어 있다. 그럼에도 다른 경쟁사들이 다들 자신이 1위라고 주장할 때 에이비스AVIS는 과감하게 스스로를 2위로 포지셔닝함으로써 고질적인 적자에서 벗어날 수 있었다.

예 대한생명(more, 2등)

브랜드 포지셔닝 맵

 시장에 출시된 여러 브랜드들에 대한 소비자의 생각, 즉 각 경쟁 브랜드들에 대해 지각한 특성이나 브랜드 간 경쟁 관계를 하나의 도표상에 일목요연하게 나타내는 것을 브랜드 포지셔닝 맵이라 한다. 다시 말해 제품의 주요 속성들을 축 또는 차원으로 정하고, 이 축들로 구성된 공간 내에 소비자에 의해 지각된 각 브랜드의 속성별 수준과 소비자가 원하는 이상적 제품을 가시적으로 표시해주는 기법이다.

 브랜드 포지셔닝 맵은 자사의 브랜드 개발 시 경쟁사의 브랜드 이미지 및 언어적 포지션을 파악해 새로운 브랜드 네임의 개발 방향을 알려주는 데 적절하다. 일례로 아파트 시장을 브랜드 포지셔닝 맵을 활용해서 살펴보도록 하자.

앞에서 수평축의 오른쪽은 앞서 설명한 네임 스펙트럼에 따라 '집', '홈', '빌' 등 아파트를 직접 설명하는 설명어 네임으로 구분하고, 왼쪽은 아파트를 직접 연상할 수 없는 독립어(상징어) 네임으로 구분한다. 그리고 수직축의 위쪽은 '하늘', '아침', '푸른' 등의 자연 친화적 키워드를 활용한 네임들로 구분하고, 아래쪽은 '#', 'CASTLE', 'XI' 등 도시 중심적인 키워드를 활용한 네임들로 구분할 수 있다.

이처럼 수평축과 수직축으로 나눈 4분면을 활용해 경쟁 브랜드들이 어떻게 포지션되어 있는지를 분석한 후 자사는 어떤 포지션으로 포지셔닝할 것인지를 결정하는 것이 브랜드 포지셔닝

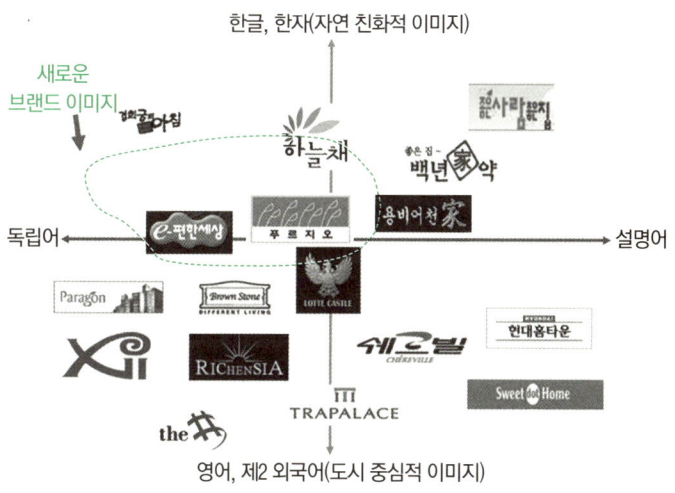

맵이다. 이때 반드시 명심할 점은 경쟁 브랜드와 대비해서 자사만의 차별점과 강점을 잘 살릴 수 있도록 포지션을 설정한 후 네이밍의 방향성을 결정해야 한다는 것이다.

언어적 이미지를 고려하여
신중하게 표현하라

두 가지 이상의 방향성 제시하기

브랜드 전략 수립 및 콘셉트 도출, 포지셔닝이 설정되었다면 다음으로는 네임 개발의 방향성을 설정하고 이를 언어적으로 표현해야 하는 크리에이티브 네임 개발 전략이 수립되어야 한다. 통상적으로 네임 개발의 방향성은 두 가지 이상을 제시해야 한다. 가령 회사명을 개발할 경우 회사의 전문 이미지를 나타내는 방향성과 미래 지향적인 이미지를 나타내는 방향성, 두 가지가 제시될 수 있다.

에너지 기업의 경우라면 에너지 관련 전문 기업임을 나타낼 수 있는 키워드를 활용하고, 미래 지향적인 이미지를 나타내야 하는 경우에는 'future'나 'global', 'advance' 등의 키워드를 활용할 수 있다. 이처럼 두 가지 방향성 모두를 고려하고 이에 대한 선호도 조사를 통해 어느 방향의 네이밍안이 더 적합한지를 판단한다.

앞서 브랜드 포지셔닝 맵을 활용한 아파트 시장의 경우를 예로 든다면 다음의 세 가지 방향성이 제시될 수 있다. 이 세 가지 방향성을 바탕으로 여러 가지 표현 방법을 통해 네이밍안이 개발되는 것이다.

① 자연 친화적 + 미래 지향적
② 자연 친화적 + 실용성, 편리성
③ 자연 친화적 + 고급 이미지

신중하게 표현하기

브랜드 네임을 표현하는 방법으로는 언어적 이미지 구분, 언어학 및 음성학에 따른 느낌의 차이, 시대별 브랜드 네임 패턴(트렌드적 언어) 등으로 구분해서 살펴볼 수 있다. 다시 말해 어떤 단어를 활용할 것인가, 몇 음절로 표현할 것인가, 언어 형태는 합성어·자연어·조어 중 어떤 것을 선택할 것인가 등을 결정해야 하는 것이다. 네임을 표현하는 방법이 잘못되면 앞서 세운 전략과 콘셉트, 포지셔닝, 네이밍 방향성 설정 자체가 무의미해지므로 매우 신중해야 한다.

브랜드 네임과 언어적 이미지

어느 나라의 언어를 브랜드 네임에 활용하느냐에 따라 네임이 갖는 이미지는 각각 다를 수 있다. 다음은 나라별 언어가 갖는 이미지를 표로 나타낸 것이다.

영어	기술력, 첨단 이미지, 서비스 우위
프랑스어	문화, 패션, 여성적, 섬세함
이탈리아어	패션, 디자인 지향, 여성적
독일어	남성적, 성능, 기술, 권위
스페인어	정열적, 강렬함, 화려함
라틴어	기술력, 역사성, 고급
인도어	신비감, 철학적

위의 표와 같이 영어는 가장 보편적인 언어로 기술력과 첨단 이미지를 나타낼 뿐만 아니라 어느 제품에도 적용할 수 있다. 프랑스어는 패션과 여성적 이미지를 나타내고, 이탈리아어는 패션과 디자인 지향적이다. 따라서 이들 언어들은 패션 제품이나 여

성 관련 제품 브랜드 네임 개발 시 많이 활용되고 있다.

독일어는 남성적이며 기술과 권위적 이미지를 나타내기 때문에 남성용 화장품 및 전자 제품, 스페인어는 강렬하고 화려한 이미지를 나타내기 때문에 패션 관련 제품 및 자동차, 인도어는 신비적이며 철학적인 이미지를 나타내기 때문에 인도 관련 제품 및 서비스 브랜드 네임 개발 시 많이 활용되고 있다.

라틴어는 기술력과 고급 이미지를 나타내기 때문에 자동차 및 전자 제품, 고가의 제품 네임 개발 시 많이 활용되고 있다. 더구나 요즘에는 영어로 구성된 좋은 뜻을 가진 단어들이 상표등록이 되어 있는 경우가 많기 때문에 영어의 어원인 라틴어가 많이 활용되는 추세이기도 하다. 그러므로 개발하고자 하는 브랜드의 제품이 무엇이냐에 따라 어떤 언어를 선택해야 할지 검토해야 한다.

예 프랑스어 : 쟈끄데샹주(Jacques Dessange, 미용실), 뚜레주르(Tous Les Jours, 베이커리) / 이탈리아어 : 아모레(Amore, 화장품) / 독일어 : 클라쎄(Klasse, 가전) / 스페인어 : 티뷰론(Tiburon, 자동차) / 라틴어 : 에쿠스(EQUUS, 자동차)

브랜드 네이밍과 언어학 및 음성학

한글은 양성모음과 음성모음에 따라 느낌에 차이가 있다. 양성모음은 밝고 작고 경쾌한 이미지를 나타내는 반면 음성모음은

양성모음	음성모음
ㅏ ㅑ ㅗ ㅛ	ㅓ ㅕ ㅜ ㅠ
밝다	어둡다
작다	크다
경쾌하다	무겁다
방긋	벙긋

어둡고 크고 무거운 이미지를 나타낸다.

예컨대 '사각사각'이라는 네임의 경우 의성어로 표현된 네임인데 여기서 느껴지는 이미지는 밝고 경쾌하다. 그러나 '서걱서걱'으로 표현할 경우 어둡고 무겁다. 이처럼 제품의 성격이 어떤지에 따라 어떤 모음을 선택할지를 판단해야 한다. 또한 영어로 된 네임을 한글로 옮겨서 표현할 경우 제품이 어떤 이미지를 띠느냐에 따라 양성모음을 활용할 것인지 음성모음을 활용할 것인지를 결정해야 한다. 혼다 자동차 'Acura'를 '아큐라'로 발음할 때와 '어큐러'로 발음할 때는 분명 느낌이 다른 것이다.

한편 예사소리, 거센소리, 된소리에 따라서도 느낌에 차이가 있다. 다음의 표에서 보듯 예사소리는 부드럽고 세련된 이미지를 나타내기 때문에 언더웨어나 여성 화장품 등 패션 쪽에 많이 활용되고 있고, 거센소리와 된소리는 힘과 강한 이미지를 나타내기 때문에 세제나 의약품 등 제품의 강한 이미지를 전달하기 위해 많이 활용되고 있다.

예사소리	거센소리	된소리
ㄱ, ㄷ, ㅂ, ㅅ, ㅆ	ㅊ, ㅋ, ㅌ, ㅍ	ㄲ, ㄸ, ㅃ, ㅆ, ㅉ
음성기관의 근육이 정상 상태를 유지하면서 파열이 일어나는 소리 부드럽고 세련된 이미지 예 언더웨어 : 레노마, 보디가드, 비비안 여성 화장품 : 마몽드, 이지업, 라네즈	기를 수반하는 터짐 소리 된소리 힘과 강한 이미지 예 생활 세제 : 퍼펙트, 비트 의약품 : 케펜택, 케토톱	음성기관의 근육 긴장을 수반하는 소리

시대별 브랜드 네임 패턴

브랜드 네임의 패턴을 시대별로 구분해서 살펴보면 다음과 같다. 1970년대는 '텍스Tex'라는 단어가 핵심 키워드였다. '골덴텍스', '피존텍스', '토프론텍스' 등이 그 예다. 1980년대는 '테크Tech'와 '그린Green'이라는 단어가 핵심 키워드였다. '테크노피아', '하이테크', '휴먼테크', '에버그린', '그린파워', '그린헬스' 등이 그 예다. 1990년대는 벤처 기업의 출현으로 '컴com', '넷net', '텔레tele' 등의 단어가 핵심 키워드였다. '넷피아', '넷띠앙', '한컴', '파워컴', 'SK텔레콤', '텔레시스' 등이 주류를 이루는 가운데 '사이버cyber', '-피아-pia', '이-e-'와 같은 단어들도 많이 활용되었다. 2000년대로 접어들면서는 더욱 다양하고 새로운 형태의 네임 패턴들이 등장했는데 대략 다섯 가지 유형으로 구분해서 살펴볼 수 있다.

첫째, 이니셜로 구성된 네임들로 'CJ', 'GS', 'LS', 'TG' 등 기존 풀네임의 이니셜을 활용해 만든 네임들이 있다.

둘째, 알파벳 한 글자를 활용해 만든 네임들로 현대카드의 'M', SK텔레콤의 'T', 모토로라의 'Z' 등을 들 수 있다.

셋째, 임의적 단어로 구성된 네임들이 많아졌다. 스티브 잡스Steve Jobs가 직접 이름을 지었다고 알려진 'Apple'이 있으며, SKT의 서비스 어플인 'Syrup', 한국제지 복사지 네임 'Miilk' 등 일반적으로 알고 있는 단어의 뜻과 전혀 관련 없는 제품이나 서비스에 네임들이 등장했다.

넷째, 단어가 아닌 기호를 활용해 지어진 네임들로 포스코 건설의 '더샵The #', 미과즙 음료인 '2% 부족할 때', 일본 교토에서 시작된 카페 브랜드인 '% Arabica' 등을 들 수 있다.

다섯째, 긴 어구형 또는 문장형의 네임들로서 '행복이 가득한 집', '미녀는 석류를 좋아해', '그린타임 두 번째 우려낸 녹차만 담았다', '신당동 장독대를 뛰쳐나온 떡볶이 총각의 맛있는 프로포즈', 미국의 마가린 브랜드인 'I can't believe it's not butter', 과자 브랜드인 'Food should taste good' 등을 들 수 있다.

키워드 추출하기

키워드 추출은 크리에이티브 네임 개발 전략의 마지막 단계이다. 이때는 앞서 도출한 콘셉트를 바탕으로 사업 영역이나 제품 특성 등을 고려해서 추출해야 한다. 이를 키워드 트리keyword tree에서는 테마 워드theme word, 키워드keyword, 소스 워드source word의 세 가지로 구분해서 추출하는데, 그림으로 나타내면 다음과 같다.

테마 워드는 네임 개발에서 가장 기본이 되는 워드로 나무에서의 뿌리와 같은 역할을 한다. 다음으로 키워드는 나무의 줄기

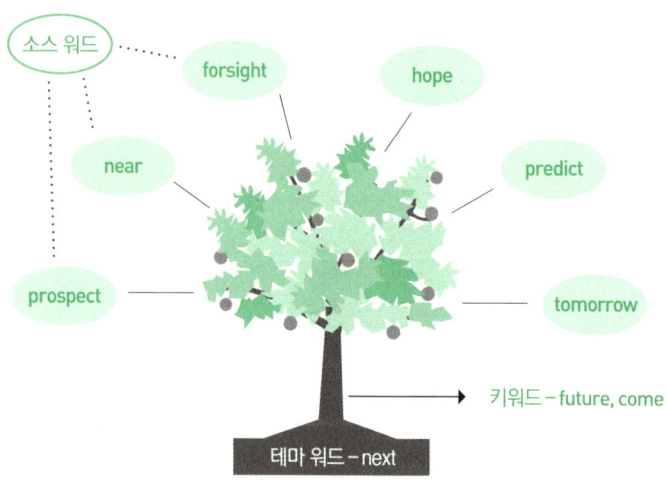

와 같은 역할을 하며, 키워드에서 여러 가지 유사한 또는 관련된 단어들이 추출되어 소스 워드의 역할을 한다.

다음은 키워드 추출의 예를 표로 나타낸 것이다.

테마 워드	이미지 지향 ←					→ 업종 지향	
	global		next		energy		
키워드	world	lead	future	innovation	power	gas	fuel
소스 워드	universal cosmos international generality worldwide globalism inclusiveness catholicity ecumenicity labeling common all the world whole widen broaden expand extend prevail	superiority greatness grandeur majesty prominence outstanding good grand infinite notable eminent marvelous tremendous best supreme head highest	imminence hereafter tomorrow futurism time to come immediate offing prospect aftertime time ahead by and by foresight prevision envisionment prediction outlook the 21st century	novelty newness uniqueness nomination freshness invention creation pioneer frontier revolutionary neoism vanguard advance neophilia updating progressive	force vitality intensity strength eagerness zeal / zest energizing vitalization thrive aggressive vivacious keen actively potency	fuel energysource firing combustible inflammable burnable fossll fuel renewablee- nergy gaz[프] insolation syntheticfuels synfuels dope propellant butane	sparker igniter oil petrol energizing industry slack coal dust coom comb firebrand portfire torch flint detonator spill heat gasolin

표에서 보듯 기업명의 경우 네임 개발 방향이 이미지 지향적이냐 업종 지향적이냐에 따라 테마 워드가 결정되고, 테마 워드를 기준으로 키워드를 추출한다. 키워드에 따라 관련 단어들이

결정되어 소스 워드를 추출하는 것이다. 업종 지향적일 경우 기업의 주력 사업을 파악하여 테마 워드를 설정하고, 이미지 지향적일 경우 기업이 추구하는 이미지를 파악하여 테마 워드를 설정한다.

예컨대 에너지 전문 기업의 네임을 개발할 경우 키워드 추출 과정을 설명해보기로 하자. 우선 에너지 전문이라는 업종을 나타내고자 방향성을 설정했을 경우와 그보다는 글로벌적인 이미지를 나타내고자 방향성을 설정했을 경우로 나누어서 살펴볼 필요가 있다. 가령 업종 지향적이라면 'energy'가 테마 워드가 되고, 이미지 지향적이라면 'global' 또는 'next'와 같은 단어가 테마 워드가 될 것이다.

각각의 방향에 따라 테마 워드가 정해지면 핵심적인 단어, 즉 키워드를 추출한다. 'energy'의 핵심 단어는 'power', 'fuel', 'gas' 등이 될 것이고, 'global'의 핵심 단어는 'world', 'lead'와 같은 단어가 될 것이다. 또한 'next'의 핵심 단어는 'future', 'innovation'과 같은 단어가 될 것이다.

이처럼 핵심 키워드가 추출되면 각각의 핵심 키워드를 중심으로 연관 있는 단어들이 추출되어 소스 워드가 되고, 이렇게 추출된 소스 워드를 여러 가지 네임 개발 기법을 동원해 개발함으로써 하나의 새로운 네임이 탄생하는 것이다.

6

2단계 : 소비자를 끌어당기는 네임 발상

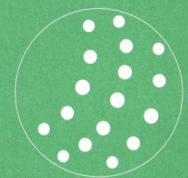

브랜드 네임 발상은 크게 집단 발상과 개인 발상으로 나눌 수 있다. 집단 발상은 여러 사람이 아이디어 회의를 통해 키워드를 추출하고 추출된 단어들을 활용하여 네임을 개발하는 것이다. 이렇게 하면 여러 사람의 아이디어가 모여 더 좋은 네임안을 개발할 수 있다. 개인 발상은 개인적으로 자료를 수집하고 자신이 직접 네임안을 개발하는 것이다. 이 경우에는 객관성 확보가 어려울 수 있으니 주위 사람들의 의견을 참조할 필요가 있다.

열린 자세와 객관성은
필수 요건이다

발상 단계의 유의사항

브랜드 네임 발상은 크게 집단 발상과 개인 발상으로 나눌 수 있다. 집단 발상은 여러 사람이 아이디어 회의를 통해 키워드를 추출하고 그것을 활용해 네임을 개발하는 것으로, 브레인스토밍을 통해 여러 사람의 아이디어가 모임으로써 보다 좋은 네임안을 개발할 수 있다는 것이 장점이다. 과정은 다음과 같다.

우선 진행자 한 명을 선정한 후 하나의 이슈에 관해 서로의 의견을 교환한다. 이때 유의해야 할 점은 비록 한 사람의 의견이라 하더라도 무시해서는 안 된다는 것이다. 항상 열린 자세로 모든 사람의 의견이나 아이디어를 받아들여야 한다. 만일 한 사람의 의견이 잘못되었다고 무시한다면 그 사람은 향후 그런 방향으로 아이디어를 생각하지 않을 수도 있고, 그 경우 다른 프로젝트에는 적합한 아이디어가 사장될 수도 있기 때문에 가볍게 지나쳐서는 안 된다.

개인 발상은 개인적으로 자료를 수집하고 자신이 직접 네이밍안을 개발하는 것으로, 키워드 추출을 위해 많은 사전과 잡지 등을 찾아봐야 하고 관련 제품을 이해하기 위해 인터넷 조사 및 백화점이나 마트에 직접 나가 제품들을 살펴볼 필요도 있다. 이때 유의해야 할 점은 객관성 확보가 어려울 수 있으므로 반드시 주위 사람들의 의견을 참조할 필요가 있다는 것이다.

발상에 도움이 되는 42가지 네이밍 기법

인명 기법

유명한 사람이나 기업의 창시자 이름을 활용해 네임을 만드는 기법으로, 소비자의 신뢰와 친근감을 확보할 수 있다. 어학원이나 미용실, 음식점, 건강식품, 패션 쪽에서 많이 활용되고 있다. 인명 기법을 활용할 때 유의해야 할 점은 사람의 이름을 활용하는 것이므로 만일 그 사람의 신변에 이상이 생기거나 인지도가 떨어질 경우 문제가 될 수 있다는 것이다. 그러므로 해당 인명이 조금씩 식상해질 때는 다른 네임으로의 전환도 고려해야 한다.

예 민병철어학원, 김정문알로에, 안철수바이러스, 힐튼호텔(Hilton Hotel, Conrad Hilton), 디즈니랜드(Disneyland, Walt Disney), 뱅앤올룹슨

(Bang & Olufsen, Peter Bang & Svend Olufsen), 보스(Bose, Amar Bose), 델 테크놀로지스(Dell Technologies, Michael Dell), 타코벨(Taco Bell, Glen Bell), 포드(Ford, Henry Ford), 안랩(AhnLab, 안철수), 프라다(Prada, Mario Prada), 포르쉐(Porsche, Ferdinand Porsche), 브리지스톤(Bridgestone, 창업자의 성(姓)인 이시바시(石橋)를 영어로 직역하여 영어 역순으로 명명)

자연어 기법

일반적인 자연어, 즉 사전에 있는 모든 단어들을 글자 변형 없이 그대로 활용하는 기법이다. 하지만 좋은 뜻을 가진 자연어는 이미 상표로 등록된 경우가 많을뿐더러 성질을 직접 표시하는 자연어의 경우에는 상표로서 등록받기 어렵다는 단점이 있다. 그럼에도 불구하고 일단 상표로 등록받을 수만 있다면 소비자에게 쉽게 인지될 수 있다는 것이 장점이다.

예 게스(Guess, 청바지), 트라이(Try, 내의), 쇼(Show, 영상 서비스), 피죤(Pigeon, 생활용품), 트위터(Twitter, SNS), 갤럭시(Galaxy, 핸드폰), 타겟(Target, 마트), 아마존(Amazon, 유통회사), 슈프림(Supreme, 의류), 킥스타터(Kickstarter, 크라우딩 펀딩), 샤오미(Xiaomi, 小米, '좁쌀'이라는 의미로 겉치레보다 실용을 중시한다는 의미, 통신)

이니셜 기법

영어 알파벳을 조합하거나 네임이 긴 경우에는 영문 이니셜만 사용하는 기법으로 '두문자어 기법'이라고도 한다. 국내의 경우 2000년대로 접어들면서 기업명을 이니셜로 만드는 곳이 많아졌는데, 기업명을 이니셜로 할 경우 기업의 규모감이 더욱 커 보이고 기술적인 이미지를 전달할 수 있다는 것이 장점이다. 그러나 이 기법을 활용하기 위해서는 두 가지 조건이 있다.

첫째, 기존 회사명의 영문 풀네임이 인지된 상태에서 이니셜 기법을 활용해야 한다. 기존의 영문 풀네임이 소비자에게 인지된 다음 이니셜로 변경해야 혼란이 적다는 말이다. CJ의 경우 기존 제일제당의 영문명 'Cheil Jedang'을 활용한 것이 좋은 예이다. 만일 '제일'이라는 단어를 'Jeil'로 커뮤니케이션했다면 CJ로의 변경은 소비자가 받아들이기에 쉽지 않았을 것이다.

둘째, 자사의 커뮤니케이션 예산이 많아야 한다. 이니셜 기법을 활용해 기업명을 개발할 경우 마케팅 커뮤니케이션 예산을 고려해야 한다. 이니셜은 그 자체로는 의미를 갖지 않기 때문에 네임만 보고는 어떤 기업인지 알 수 없다. 그러므로 커뮤니케이션 비용이 많이 들 수밖에 없다. 최근 들어 중소기업이 이니셜로 기업명을 변경하는 경우가 많아졌다. 그러나 기업의 규모를 파악한 후 그것이 규모에 어울리는지 반드시 검토해야 한다. '뱁새가 황

새 쫓아가다가 가랑이가 찢어질 수 있다.'는 것을 명심해야 한다.

예 한국통신→KT, 선경→SK, 국민은행→KB, 제일제당→CJ, General Motors→GM, International Business Machines→IBM, Ingvar Kamprad + Elmtaryd + Agunnaryd→IKEA

단어 결합 기법

두 개의 단어를 변형 없이 결합해 하나의 네임으로 만드는 기법이다. 이 기법은 쉬운 단어를 고치지 않고 결합해서 만드는 것이므로 브랜드를 쉽게 인지시킬 수 있다는 것이 장점인 반면 결합한 단어가 길 경우 커뮤니케이션에 한계가 있다는 것이 단점이다.

예 더페이스샵(The Face Shop), 보디가드(Body Guard), 아침햇살, 스킨푸드(Skin Food), 페이스북(Facebook), 힐스테이트(Hillstate), 폭스바겐(Volkswagen), 베스트바이(BestBuy), 스냅챗(SnapChat), 유튜브(YouTube), 위챗(WeChat), 오픈테이블(OpenTable)

단어 축약 합성 기법

두 개의 단어를 축약한 뒤 합성하여 하나의 네임으로 만드는 기법으로, 앞 단어의 앞 철자와 뒤 단어의 앞 철자만을 합성하거나 앞 단어의 뒤 철자와 뒤 단어의 앞 철자만을 합성하기도 한다. 이 기법은 긴 단어를 축약함으로써 커뮤니케이션의 효율성을 높일 수 있는 장점이 있는 반면 전체 단어를 보여주는 것이 아니므로 브랜드를 인지시키기 위한 비용이 많이 든다는 단점도 있다.

예 Federal+Express→Fedex(국제특송서비스), Haus+zentrum→Hauzen(가전제품), Pin+Interest→Pinterest(이미지 기반의 SNS), Melody+On→Melon(음원스트리밍 서비스), Instant Camera+Telegram→Instagram(SNS), Integrated+Electronics→Intel(반도체), Adolf(Adi) Dassler→Adidas(스포츠용품)

단어 단축 기법

한 단어의 앞이나 뒤의 알파벳을 버리는 기법으로, 여러 가지 네임안들을 개발해볼 수 있다는 것이 장점이다. 가령 화장품 냉장고 네임을 개발한다고 치면 '냉장고'를 뜻하는 'refrigerator'라는 단어를 가지고 'efrige', 'frige', 'refri' 등 여러 개의 네임안을 개발할 수 있다.

예 Fantasy→Fanta(청량음료), Trommel→Tromm(드럼 세탁기), Solution→신한 SOL(스마트폰뱅킹), Pepsin/Dyspepsia→Pepsi(음료)

단어 변형 기법

한 단어의 철자들을 다른 철자로 변형하는 기법으로, 단어의 단축 기법과 마찬가지로 많은 네임안들을 발상할 수 있다는 것이 장점이다. 예컨대 'believe'라는 단어를 가지고 철자를 변형해보면 'b'는 'v'로 변형할 수 있고 'e'는 'i'로 변형할 수 있다. 따라서 'viliv', 'bilib'라는 네임안이 가능하다.

예 compact→Compaq(컴퓨터), Googol→Google(검색서비스), Sci-fi→Syfy(TV채널), Infinity→Infiniti(자동차), Sonus/Sonny→Sony(가전제품), Net+Flicks→Netflix(영화스트리밍), 観音→Kwanon→Canon(카메라), Rhebok→남아프리카산 영양→Reebok(스포츠용품)

알파벳 붙이기 기법

한 단어에 알파벳 철자를 덧붙여 만드는 기법으로서, 해당 업종의 이미지를 나타내는 데 활용되기도 한다. 예컨대 금융회사 메리츠meritz는 'merit'라는 단어에 'z'를 붙여서 만든 네임이다. 특히 알파벳 'a'는 자연어 뒤에 붙을 경우 발음이 더욱 쉽게 나기 때문에 자주 이용된다. 또한 기존 자연어가 도메인으로 등록되어 있을 경우 이를 피하기 위해 활용되기도 한다.

예) asian+a→Asiana(항공), lemon+a→Lemona(비타민C), Milk + i→Miilk (복사지), Melon + a→Melona(아이스크림)

형태소 기법

형태소 자체가 의미를 가진 경우 그 의미를 살리기 위해 형태소 자체를 네임으로 활용하기도 한다. 형태소란 뜻을 가진 가장 작은 말의 단위를 의미한다. KT의 휴대전화 브랜드인 'Ever'의 경우 '늘, 언제나'라는 뜻을 지닌 형태소를 직접 활용한 네임이다.

예) 지오(GEO, 과학 잡지), 우버(Uber, 최상급 쉐어택시)

형태소 결합 기법

형태소와 일반 단어를 결합해 서로의 의미를 잘 살릴 수 있도록 하는 데 활용되는 기법이다. 인터넷 쇼핑몰 인터파크Interpark의 경우 인터넷의 의미를 잘 살릴 수 있도록 'inter'라는 형태소와 'park'라는 단어를 결합해 만든 네임이다.

예) 에버랜드(Everland, 놀이동산)→'ever-'를 활용, 마이크로소프트(Microsoft, 소프트웨어)→'micro-'를 활용, 듀라셀(Duracell, 배터리)→'dura-'를 활용

임의적 단어 활용 기법

제품과 연관성 없는 구체적인 사물의 이름을 사용하는 기법이다. 앞서 브랜드 네임 스펙트럼에서 설명한 것처럼 잘 알려진 단어를 전혀 관련이 없는 제품이나 서비스에 사용하는 것으로, 쉬운 단어를 활용하기 때문에 소비자에게 친밀감을 줄 수 있다. 예컨대 우리가 흔히 알고 있는 '도시락'은 반찬이나 밥을 담는 그릇이지만 이를 음원 서비스에 활용함으로써 친밀감을 줄 수 있다. 그러나 이를 자세히 알리기 위해서는 많은 커뮤니케이션 비용이 든다는 단점이 있다.

예 애플(Apple, 컴퓨터), 피망(Pmang, 게임), 모닝글로리(Morning Glory, 팬시), 카카오(Kakao, SNS), 네이밍(NAMING, 화장품)

신화 활용 기법

신화 속에 나오는 인물을 활용해 네임으로 만드는 기법이다. 그리스 신화 속에 나오는 의미가 좋은 인물들은 연상 효과가 탁월하므로 대부분 상표로 등록을 받은 상태이다. 예컨대 '미의 여신'은 화장품이나 패션 관련 제품에, '지식의 여신'은 지식 관련 회사나 제품에, '대지의 신'은 아파트나 토지와 관련된 산업에 많이 활용되고 있다. 이처럼 신화는 의미와 역사성을 동시에 지니고 있기 때문에 브랜드 네임으로 사랑받고 있는데, 요즘에는 북유럽 신화, 페르시아 신화, 인도 신화 속의 인물들까지도 네임으로 등장하는 실정이다.

예 나이키(Nike, 승리의 여신, 스포츠 용품), 박카스(Bacchus, 술의 신, 음료), 디오스(Dios, 스페인어로 '신'을 의미, 냉장고), 에르메스(Hermes, 부와 행운의 신, 패션), 헤라(Hera, 최고의 여신, 화장품), 판도라(Pandora, 판도라의 상자, 쥬얼리)

위인 또는 스토리 속 인물 활용 기법

신화 활용 기법과 비슷한 방법으로 현대의 위인이나 스토리 속에 나오는 인물의 이름을 활용하는 기법을 말한다. 신화에 나오는 인물들은 고풍스럽고 깊은 역사적인 배경을 네임에 반영하는 반면, 현대적인 위인은 그 보다는 젊고 참신하면서도 신뢰를 구축할 수 있다. 특히 스토리 속 캐릭터를 활용하면 그 스토리 안에 캐릭터가 주는 성격을 빠르게 네임에 부여할 수 있어서 브랜드 구축이 용이하다.

예 테슬라(Tesla, 니콜라스 테슬라, 전기자동차), 에디슨(Edison, 토마스 에디슨, 유아용 젓가락), 스타벅스(Starbucks, 영화 '모비딕'에서 커피를 좋아하는 항해사로 나오는 스타벅, 카페), 키친바흐(KitchenBach, 요한 세바스찬 바흐, 한샘의 프리미엄 부엌)

철자 대칭 기법

앞과 뒤의 철자를 동일하게 사용해 만드는 기법으로서, 네임에 시각성을 부여하는 데 매우 유용하다. 멀리서 보거나 한번 봤을 때 인상적이기 때문에 브랜드를 인지시키기 쉽다는 장점이 있다. 타이어 제품인 '넥센NEXEN'의 경우 X를 가운데로 하고 'N'과 'E'를 좌우로 대칭시킴으로써 시각성이 돋보이는 네임이다.

예 Xerox(복사기), VOV(화장품), viliv(PMP), xix(의류), AIA 생명(보험), ABBA(가수), JUUL(디자인적으로 대칭, 전자담배)

동음 반복 기법

동일한 음을 반복해서 사용함으로써 브랜드 인지도를 높이는 기법이다. 시각적인 요소는 1,000분의 180초 만에 인지되는 데 비해 청각적인 요소는 1,000분의 140초 만에 인지된다고 한다. 청각적인 요소가 시각적인 요소보다 빨리 인지되고 오래도록 기억에 남는 것이다. 동음 반복 기법을 활용하면 브랜드를 짧은 시간에 인지시킬 수 있다는 장점이 있지만 관련 제품과의 이미지를 반드시 고려해야 한다는 조건이 붙는다.

'봉봉'은 포도 주스와 오렌지 주스가 출시되었으나 현재 포도 주스만 팔리고 있다. 또한 '쌕쌕'도 오렌지 주스와 포도 주스가 출시되었으나 현재 오렌지 주스만 남았다. 이 두 네임의 특성을 고려해보면 '봉봉'은 덩어리 느낌으로 인해 포도 주스를 연상할 수 있고, '쌕쌕'은 작은 알갱이의 느낌을 전이해 오렌지 주스임을 연상할 수 있다. 그러므로 동음 반복 기법으로 네임을 개발할 때는 반드시 제품과의 연관성을 체크해야 한다.

예 가가호호(보일러 서비스), 봉봉(포도 주스), 쌕쌕(오렌지 주스), 로로테테(롯데마트 유아용 PB), 쿠쿠(밥솥), 프린세스 탐탐(란제리), 락앤락(생활용품), LooLoo(비데)

문장 축약 기법

긴 문장을 하나의 네임으로 축약해 네임으로 활용하는 기법으로, 쌍용자동차의 '코란도Korando'가 이에 해당한다. 'Korando'는 'Korean can do'의 의미를 짧게 함축해 표현한 네임이다. 이 경우 네임의 의미가 슬로건으로도 활용될 수 있기 때문에 문장의 의미를 잘 설정해야 한다.

> 예) 누네띠네('눈에 띈다'는 뜻, 과자), 너진예(너 진짜 예쁘다, 다이어트 식품), 레고(Lego, 덴마크어로 'leg godt'는 '재미있게 논다'는 뜻, 장난감), 우공비(우리들의 공부 비법, 학습지)

의성어 기법

우리가 흔히 알고 있는 음성을 활용해 네임으로 개발하는 기법으로, 브랜드 인지가 용이하다는 장점이 있다. 의성어 기법을 활용할 때는 음성모음과 양성모음의 특징을 잘 고려해 표현해야 한다. 배나 사과 등을 갈 때 나는 소리가 '사각사각'이다. '사각 사각'은 양성모음이므로 밝고 작고 경쾌하지만, '서걱서걱'으로 표현한다면 어둡고 크고 무거운 이미지를 전이할 수 있다. 따라서 음성모음과 양성모음을 고려해 네임을 개발해야 한다.

> 예) 와(Waa, 아이스크림), 사각사각(과즙 음료), 쿠쿠(Cuckoo, 압력 밥솥), 루루(LooLoo, 비데), 위(Wii, 닌텐도의 게임 콘솔), 핑(Ping, 골프용품), 지펠 아삭(김치 냉장고), 풀무원 사브작(육포)

의태어 기법

우리들의 일상적인 행동을 묘사해 네임으로 개발하는 기법으로, 주로 유아용이나 아동용 관련 제품에 많이 활용되고 있다. '뿌셔뿌셔'라는 과자는 생라면을 부셔서 먹는 행동에서 착안해 만든 네임이다. 의태어 기법은 그 자체의 독특성으로 인해 브랜드를 쉽게 인지할 수 있도록 도와준다.

예 도리도리(아기용품), 짜요짜요(짜먹는 요구르트), 뿌셔뿌셔(라면과자), 왕꿈틀이(젤리)

숫자 활용 기법

숫자 자체를 네임으로 만들거나 어구 등 다른 단어와 함께 네임으로 만드는 기법이다. 숫자를 네임으로 활용할 경우 숫자의 의미에 대한 전이성으로 인해 브랜드를 쉽게 인지시킬 수 있는 장점이 있다. 온라인 서점 'YES24'의 경우 온라인의 특징인 '24시간'이라는 의미를 전이할 수 있다. 또한 숫자는 과학적인 이미지를 전이할 수도 있다. '덴탈크리닉 2080' 치약의 경우 '20개의 건강한 치아를 80세까지 유지시켜야 한다'는 의미에서 '2080'이라는 숫자를 활용함으로써 과학적 이미지를 전이했다.

숫자 활용 기법은 숫자의 의미를 알려주어야 인지시킬 수 있는 네임일 경우 커뮤니케이션 비용이 많이 들 수 있다. LG전자의 '1124' 김치 냉장고는 '1년 12달 4계절 싱싱하게 유지해준다.'라는 의미를 지닌 네임인데, 계속해서 커뮤니케이션하지 않았기 때문에 숫자의 의미를 아는 사람은 거의 없었다. 이처럼 숫자를 활용할 경우 쉽게 제품이나 서비스를 전이시킬 수 있는지를 검토해야 한다.

예 7UP(청량음료), 2% 부족할 때(청량음료), 덴탈크리닉 2080(치약), 3M(사무용품), Uno(스페인어로 '1'이라는 뜻, 피자), Duet(영어로 '이중창, 이중주'라는 뜻, 사이드 모니터 어플), 23andME(DNA 검사 키트), Nine Bridges(골프클럽), Su:m37(화장품), 페리오 46센치(숨결이 닿는 친밀한 거리, 치약), 베스킨라빈스31(한달 31일간 매일 새로운 맛, 아이스크림)

기호 활용 기법

기호 자체를 네임으로 만들거나 다른 단어와 함께 네임으로 만드는 기법으로, 경쟁 상황에서 언어적 한계에 부딪쳤을 때 네임의 차별화를 이룰 수 있다. 그러나 기호를 활용할 경우 고려해야 할 점이 있다. 기호는 이중성을 지닐 수 있다는 것과 커뮤니케이션 비용이 많이 든다는 점이 그것이다.

 포스코 건설의 'The#(더샵)' 아파트의 경우 '#'이라는 기호가 '샵'이라고 커뮤니케이션될 수도 있고 '우물 정' 자로 커뮤니케이션될 수도 있다. 또한 GS건설의 'XI(자이)' 아파트의 경우 TV 광고를 통해 많은 커뮤니케이션이 이루어지지 않았다면 일반 소비자는 'XI'를 '자이'로 읽는다는 것이 쉽지 않았을 것이다. 그러므로 기호를 네임으로 개발할 경우에는 이중적인 의미의 유무와 커뮤니케이션 예산을 반드시 체크해야 한다.

> 예 π-city(파이시티, 복합터미널), % Arabica(퍼센트 아라비카, 교토 카페), Size?(사이즈샵, 신발관련 멀티샵), Room×Home(룸바이홈, 롯데마트 생활용품 PB브랜드)

시간 개념 활용 기법

시간을 나타내거나 시간과 관련된 개념 등을 활용해 네임으로 만드는 기법이다. 여기서 시간을 활용한다는 것은 단순히 숫자로 표현할 수 있는 것만을 말하는 것이 아니라 아침, 점심, 저녁 등을 표현하거나 요일, 월, 년 등으로 표현할 수 있다는 것이다. 이런 단어들은 소비자가 쉽게 알 수 있는 단어들이기 때문에 친밀감을 부여할 수도 있고, 업종의 특성을 시간으로 표현할 수도 있어서 브랜드를 쉽게 인지할 수 있도록 도와준다.

예 Timeless Time(담배), 두유로 굿모닝(두유), T.G.I. FRIDAYS(패밀리 레스토랑), GS25(편의점), 7-Eleven(편의점), TikTok(쇼트 비디오 플랫폼), 아침에 주스(주스)

지리 활용 기법

지리적인 특성을 네임에 표현함으로써 전문적인 이미지와 신뢰성을 전이하는 기법이다. 시계 제작 업체 '로만손'은 스위스의 정밀 공업 지역으로 유명한 로만시온을 변형함으로써 시계 관련 전문적인 이미지를 전이했다. 국내의 경우도 직접 지리적인 장소나 지역명을 활용해 네임으로 개발되는 경우가 많아졌는데, '제주 삼다수 생수', '지리산 녹차', '보성 녹차' 등이 대표적인 사례이다.

예 로만손(Romanson, 시계), 파리바게트(Paris Baguette, 제과점), 이천 임금님표(쌀), 임실 치즈피자(피자), 노키아(Nokia, 휴대폰), 아마존(Amazon, 유통업), 파타고니아(Patagonia, 의류), Stumptown Coffee(카페), Adobe System(디자인 프로그램)

조어 기법

단어 자체로는 어떤 의미도 없이 철자들을 조합해 새로운 단어를 만드는 기법이다. SK텔레콤의 서비스 브랜드인 'TTL'이 대표적인 사례이다. 조어 기법을 활용할 때는 단어의 의미를 직접 전이하지 못하기 때문에 커뮤니케이션 비용이 많이 들 수 있다는 점을 고려해야 한다.

예 코닥(Kodak, 필름), 하겐다즈(Häagen-Dazs, 아이스크림), 롤렉스(Rolex, 시계), 룰루레몬(Lululemon, 요가용품)

No.1 활용 기법

해당 산업의 카테고리를 선점하기 위해 첫 번째 또는 No.1임을 강조하는 기법이다. 이 기법은 소비자에게 첫 번째 또는 1등의 의미를 네임에서 직접 전이하기 때문에 브랜드를 인지시키는 속도가 빠르다. 인터넷 다이렉트 자동차 보험 서비스인 '다음 다이렉트 1'은 다이렉트 자동차 보험의 첫 번째라는 의미를 전이하기 위해 숫자 '1'을 활용했다.

예 E1(에너지 회사), 큐원(삼양사 식품 전문 브랜드), 에스원(경비업체), F1(포뮬러 자동차 경기), Uno(피자), 하나은행 1Q(온라인 어플), 일호식(식당)

No.2 활용 기법

해당 산업의 카테고리에서 No.2임을 강조하는 기법이다. 이 기법은 1등이 아닌 2등을 강조한다는 점에서 소비자의 호기심을 유발할 수 있고 또 2등으로서의 명확한 포지셔닝을 할 수 있다는 점에서 유용하다. 소비자의 머릿속에 1등 브랜드가 확실히 자리 매김되었을 경우 활용하면 좋은 기법이다.

예 서울에서 두 번째로 잘하는 집

끝말잇기 활용 기법

앞 단어의 끝을 다른 단어와 합성해 표현하는 기법으로, 앞 단어의 마지막 알파벳으로 시작되는 단어를 찾아서 서로 잇는 것이다. 남광토건의 'Haustory' 아파트는 'Haus'의 마지막 끝나는 알파벳 's'에 's'로 시작하는 단어인 'story'를 이어서 만든 것이다.

예 Home+Ever→Homever(홈에버, 대형마트), Haus+Story→Haustory(하우스토리, 아파트), Ever + Ready→Eveready(에버레디, 배터리), Well + Life→Wellife(웰라이프, 건강기능식품), Herbal + Life→Herbalife(허벌라이프, 건강기능식품)

All 활용 기법

'all'이라는 단어를 활용해 포괄성이나 규모감을 나타내는 기법이다. 'all'이라는 단어는 '모든'이라는 의미를 지니기 때문에 전문성이 아닌 포괄성을 띠는 제품이나 서비스 관련 네임을 개발할 때 많이 활용된다. 삼성화재의 'allife' 서비스 브랜드는 생명에서부터 생활까지 보장받는다는 포괄성을 띠는 생활 보험 서비스이다. 이처럼 'all'이라는 단어의 활용은 규모감 및 포괄성을 띠는 데 용이하다.

예 all@(삼성카드), allcare+(제일화재), All Elite Wrestling(프로레슬링 단체), EndALL(살충제), All(세제), Alltel(통신사)

제2 외국어 활용 기법

영어 이외의 제2 외국어를 활용해 네임으로 만드는 기법이다. 영어의 좋은 뜻을 지닌 단어는 대부분 해당 상품이나 관련된 서비스에 상표등록을 마친 경우가 많기 때문에 최근 들어 제2 외국어를 활용해 네임으로 개발하는 경우가 많아지고 있다. 하지만 제2 외국어는 해당 제품의 이국적 이미지를 전이해줄 수 있기 때문에 언어 선택을 할 때 고려해야 할 사항들이 있다.

앞서 브랜드 네임과 언어적 이미지에 관해 설명할 때도 말했듯이 프랑스어나 이탈리아어는 패션 쪽 관련 제품에 많이 활용되고, 독일어는 남성적 이미지를 전이해주는 경향이 있어 전자제품이나 남성용 제품에 많이 활용되며, 그리스어나 라틴어는 패션이나 자동차 관련 네임으로 많이 활용되고 있다. 여기서 한 가지 유의할 것은 그리스어를 활용할 경우에는 가독성을 고려해야 한다는 점이다. 그리스어는 국내 소비자가 쉽게 알아볼 수 없는 단어들이 많기 때문에 단어 선택에 신중을 기해야 한다.

제2 외국어를 활용해 네임을 개발할 때는 가독성이 떨어진다는 점이 단점이자 곧 장점이 될 수도 있다. '레종raison'은 프랑스어로 '이유'를 뜻하는 단어로, KT&G에서 담배 브랜드로 론칭했다. 이 브랜드가 출시되었을 때 이를 '라이손'이라고 읽는 사람이 있을 정도로 가독성이 떨어지는 네임이었다. 그러나 커뮤니케이션을 통해 차츰 '레종' 담배로 인지시켰고, 그 결과 관련 제품군에서 프랑스어라는 차별성으로 인해 소비자의 선호도가 높아지기도 했다.

> 예) 뚜레쥬르(Tous Les Jours, 프랑스어로 '매일매일'), 에쿠스(EQUUS, 라틴어로 '개선장군의 말'), 휘바(Hyvää, 핀란드어로 '참 잘했어요'), SI(이탈리아어로 '네'), 모나미(Monami, 프랑스어로 '나의 친구'), 지크(Sieg, 독일어로 '승리'), 라네즈(Laneige, 프랑스어로 '흰 눈')

제품이나 서비스 속성 기법

어떤 제품 또는 서비스가 다른 제품이나 서비스에 비해 차별성을 가질 만큼 독특할 경우 그 제품이나 서비스의 성분이나 속성을 그대로 네임으로 만들거나 활용하는 기법이다. 해당 카테고리에서 선도자일 경우 주로 사용하는 기법으로, 커뮤니케이션 비용이 적게 들면서도 소비자에게 브랜드를 인지시키기 쉽다는 장점이 있다. 그러나 성분이나 재료 자체가 네임이 될 경우에는 식별력이 떨어지기 때문에 상표로 등록받기 어려운 단점도 있다.

예 옥장판, 워터젤리, 새우깡, 자일리톨껌, 치즈잇(Cheez-It), 젤리셔스, 칼로바이, 호식이 두 미리치킨, 코카콜라(Coca-Cola), 무인양품, 갈아 만든 배, 토스(Toss), 호텔스컴바인(Hotels Combined)

유머 기법

유머러스한 표현을 네임으로 만드는 기법으로, 소비자에게 호기심을 유발하고 구전하기 쉽다는 장점이 있다. 보통 식품이나 서비스 업종에서 많이 활용되고 있는데, 해태제과의 '신당동 장독대를 뛰쳐나온 떡볶이 총각의 맛있는 프로포즈'라는 스낵 네임은 소비자에게 재미를 전이한다. 또한 단어를 재미있게 변형해 활용한 네임도 있다. '후다닭'이라는 치킨점 네임은 소비자로 하여금 웃음을 자아내게 한다.

예 없었던 일로!(다이어트 보조식품), 여기어때(호텔예약앱), 시크헤오늘(식혜), 빠질락카노(다이어트 커피), 공공의 족(족발가게), 누나홀닭(누구나 홀딱 반한 닭)

의인화 기법

단어를 사람처럼 의인화해서 네임으로 만드는 기법으로, 제품을 사람처럼 표현함으로써 친밀감을 전이할 수 있다. '걸어다니는 사람'을 뜻하는 소니 '워크맨Walkman'의 경우 걸으면서 음악을 들을 수 있다는 의미, 즉 '이동이 쉬운'의 의미를 간접적으로 전이한다. 보통 'Mr', 'Miss', 'Mrs'와 같은 단어들이 자주 활용되며, '-man', '-ian', '-ple', '-izen' 등의 단어들이 활용되기도 한다.

예 미스터피자(Mr. Pizza, 피자 체인점), Mr. 바리깡(남성 전문 헤어 체인점), 워크맨(Walkman, 소형 카세트), 닥터자르트(Dr.Jart, 화장품), 미스터크린(Mr. Clean, 다목적 세정제), 트리플(Triple, 해외여행 가이드 앱), 세티즌(Cetizen, 이동통신기기 전문 커뮤니티 사이트)

역설 기법

제품에 대한 연상 이미지를 역이용해 의외성을 줌으로써 강한 인상을 주는 기법이다. 역설이란 어떤 주장이나 이론이 겉보기에는 모순되는 것처럼 보이지만 그 속에 중요한 진리가 함축되어 있는 것을 말한다. 이 기법은 매우 인상적인 단어를 활용해 네임으로 개발함으로써 소비자에게 브랜드를 인지시키는 데 용이하다. 크리스천 디올의 향수 브랜드인 '포이즌Poison'은 단어의 의미가 '독'인데, 이러한 매우 강렬한 단어를 활용해 향수의 매혹적인 이미지를 전이하고자 했다.

예 Death(미국 담배), Donkey Piss(미국 데킬라), Dirty(러쉬 향수), Skinny Bitch(보드카 소다)

어구형 및 문장형 기법

키워드를 활용해 어구나 문장으로 표현하는 기법으로, 최근 들어 식품 관련 제품에 많이 등장하고 있다. 롯데칠성은 '모메존' 석류 주스를 시장에 내놓고 큰 반응을 얻지 못하자 '미녀는 석류를 좋아해'로 네임을 변경했는데 이것이 소비자에게 큰 호응을 얻었다. 또한 기존 식품 관련 브랜드 네임이 대부분 세 글자(청정원, 찬마루, 산내들, 해찬들)의 트렌드를 따라가는 데 비해 삼호물산은 '행복이 가득한 집'이라는 어구형 네임을 선택해서 네임의 차별화를 이루었다. 이 기법은 네임이 길다는 단점을 지녔으나 소비자의 입에 오르내리는 구전 효과는 크다고 볼 수 있으며, 시간이 지나고 인지도가 쌓이면서 소비자들은 그 네임을 줄여서 기억한다.

예 맑은 물 이야기(섬유 유연제), 꽃을 든 남자(남성용 화장품), 그린타임 두 번째 우려낸 녹차만 담았다(녹차), 토이저러스(Toys-R-Us, 장난감 매장), I can't believe it's not butter(마가린), 바나나는 원래 하얗다(바나나우유), 언니 몰래 먹는 딸기 오레(딸기우유), Food Should Taste Good(과자), This Bar Saves Lives(에너지바)

제품의 형태를 묘사하는 기법

제품 외관상의 모습을 떠올려 표현하는 기법으로, 제품의 외관과 관련된 상징물을 네임으로 표현하는 것이다. 현대자동차 '티뷰론Tiburon'은 자동차 외관이 고래와 상어를 연상시키는데, 자동차의 특성이 스포츠카인 걸 고려해 스피드를 느낄 수 있는 상어에 초점을 맞췄다. 스페인어로 'tiburon'은 상어를 뜻하며 발음의 세련됨과 스포츠카에 대한 연상을 일으키는 네임으로 적합하다.

예 폭스바겐 비틀(독일의 국민차로서 모양이 딱정벌레처럼 생김), Blackberry (휴대폰 키보드의 모양), Boxed Water(각에 담은 생수), Zoo(동물들 모양 과자), 죠스바(상어 모양 아이스크림), 수박바(수박 모양 아이스크림), 거북알(거북이 알 모양 아이스크림)

알파벳 한 글자 활용 기법

알파벳 중 한 글자만을 활용해 네임으로 표현하는 기법으로, 알파벳 한 글자에 여러 가지 의미를 부여할 수도 있고 브랜드 확장에도 용이하다는 장점이 있다. 최근 들어 영어 알파벳 한 글자 브랜드들이 늘어나고 있다. SK텔레콤은 알파벳 'T'를 새로운 이동통신 서비스 브랜드로 론칭했다. 알파벳 'T'는 통신telecom, 기술technology, 최고top, 신뢰trust, 동반together 등 다양한 의미를 지닌다. 이 'T'를 활용해 SK텔레콤은 'T-LOGIN', 'T-PLAN', 'T-PAK' 등으로 브랜드 확장을 시도하였으며, 하나의 이니셜 안에 다양한 의미를 부여할 수 있는 장점이 있다. 이처럼 알파벳 한 글자를 네임화해 여러 가지 의미를 담고 점차 그 브랜드를 확장하는 경향이 늘고 있다.

예 SK텔레콤의 'T', 애플의 'i', 현대카드의 'M', 롯데마트의 'L'(Choice L, Prime L, Save L, Living L, Bio L, L.Point)

감성 활용 기법

사람들이 제품에 대해 느낄 수 있는 감성을 활용해 표현하는 기법이다. '짜먹는 슬러시'라는 제품 콘셉트로 시장에 나왔던 '설레임'은 '마음이 설레다.'라는 감성적인 표현을 네임으로 만든 것이다. 또한 브라질어로 '따봉'은 '매우 좋다.'라는 의미를 지닌 단어인데 이것이 음료 브랜드 네임으로 활용되고 있다. 이런 감성을 표현하는 단어를 활용할 경우 제품의 긍정적인 연상을 전이할 수 있다는 것이 장점이다.

예 어 싱싱해(스낵), 야놀자(호텔 예약 어플), 야나두(종합교육 플랫폼), Save the Children(국제구호개발 NGO), Yo(커뮤니케이션 어플), Heyyy(채팅 어플)

인사말 활용 기법

우리들이 흔히 쓰는 인사말을 활용해 표현하는 기법이다. 이 기법은 한글 및 영어, 제2 외국어의 인사말을 활용해 네임으로 만드는 것으로서, 'Good morning', 'Hello', 'Hi', 'Bon jour', '니하오' 등이 자주 제품이나 서비스 브랜드 네임으로 활용된다. 이러한 인사말은 소비자에게 친밀하기 때문에 브랜드를 쉽게 인지시킬 수 있다는 것이 장점이다.

예 두유로 굿모닝(두유), 하이서울(Hi seoul, 서울시 슬로건), 헬로키티(Hello Kitty, 팬시), 굿나잇 환(수면 건강식품), Good Day Chocolate(기능성 초콜릿), 하우디(howdy, 온라인 편집샵), WhatsApp(모바일 메신저)

애너그램Anagram 활용 기법

단어나 문장을 구성하고 있는 문자의 순서를 바꾸어 다른 단어나 문자를 만드는 방식으로 네임 안에 숨은 메세지를 부여하여 소비자에게 흥미를 유발시킬 수 있다. 소설이나 영화에서도 사용되는 방식으로, 〈다빈치코드〉에서는 'O, Draconian devil!(오, 가혹한 악마여!) Oh, lame saint!(오, 불구의 성인이여!)'라는 문구를 'Leonardo da Vinci!(레오나르도다빈치!) The Mona Lisa!(모나리자!)'로 해석하여 사건의 실마리를 풀어간다. 또한 〈해리포터〉에 나오는 볼드모트의 본명인 'Tom Marvolo Riddle(톰 마볼로 리들)'을 애너그램 형식으로 해석을 하면 'I am Lord Voldemort(나는 볼드모트 경이다)'가 공포의 대상인 어둠의 마왕 볼트모트의 정체가 알려진다.

예를 들어 도요타는 전체적인 자동차의 네이밍의 콘셉트를 '왕관'으로 잡고 '크라운(Crown, 王冠)', '코로나(Corona, 光冠)',

'카롤라(Carolla, 花冠)'를 만들었고 '캠리Camry'도 '왕관'을 뜻하는 일본어의 '冠(カムリ)'가 변형된 네임이다. 그 철자 안에는 'My Car'라는 의미를 부여하여 '국민 자동차'로 성장하겠다는 의지가 담겨있다.

영국의 패션 브랜드인 FCUK French Connection United Kingdom은 의도적으로 철자조합을 'FUCK'이 연상이 되게끔 하였으며, 심지어 FCUK의 향수 브랜드는 'FCUK HIM', 'FCUK HER'로 커뮤니케이션을 하여 소비자들에게 성적인 흥미를 유발시킨다.

예 페로도(FERODO, 영국의 자동차 브레이크를 만드는 회사)→창업자 이름은 Herbert Froode의 성을 변형(실제로 'ferodo'는 스페인어와 이탈리아어로 '브레이크 라이닝'을 의미), 해열진통제인 애드빌(ADVIL)→'효과적인'이란 의미를 가지고 있는 'VALID'의 애너그램으로 해설 가능

앰비그램 Ambigram 활용 기법

앰비그램은 단순히 철자 뿐만 아니라 철자의 디자인적인 요소를 고려해야 만들 수 있는 기법으로 위아래로 뒤집어 보아도 같은 단어로 읽히거나 다른 단어로 읽힐 수 있다. 이 기법은 피터 뉴엘이라는 삽화작가가 자신의 책《Topsys & Turvys》의 마지막 페이지에 'The End'라는 문구를 뒤집으면 'Puzzle'로 읽힐 수 있

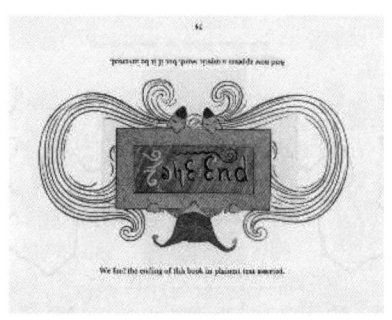

도록 남기면서 세상에 알려지게 되었다.

  그 이후에 대중적으로 관심을 끌게 된 계기는 〈다빈치 코드〉의 후속편인 〈천사와 악마〉에 나오면서이다. 일루미나티Illuminati 라는 단어와 고대의 4원소를 상징하는 'Earth', 'Air', 'Fire', 'Water'가 앰비그램형식으로 등장한다. 다음의 앰비그램은 미국의 디자이너이자 앰비그램 연구가인 존 랭던John Langdon의 작품이며 이 소설에 나오는 종교기호학 교수인 로버트 랭던Robert Langdon의 캐릭터도 존 랭던의 이름을 따서 만들었다고 한다.

  앰비그램 기법은 미적인 요소가 강하고 기발하면서도 신비로운 느낌을 주어 예전부터 타투Tattoo 아티스트들에 의해 많이 개발돼 왔다. 'Love/Hate'나 'Love/Pain'처럼 같은 개수의 철자나 상반된 의미를 가지고 있는 두 단어를 활용하여 그 둘의 이중적이면서 아이러니한 의미를 부각시키기도 하며, 'True/Love'처럼 두 단어가 합쳐졌을 때 그 의미가 더욱 증폭되는 효과를 주는 앰비그램 기법을 활용하기도 한다.

이 기법이 브랜드에 적용된 사례는 많지는 않지만 대표적인 해외 사례로는 'Sun microsystems'의 심벌마크와 'New Man'의 로고가 있으며 국내에는 골프공 브랜드인 볼빅Volvik이 있다. 'VISTA'는 골프공을 잡았을때 어떠한 위치에서도 같은 글자로 읽힐 수 있도록 하기 위해 앰비그램 형식으로 만들어졌다.

중의적 표현 기법

하나의 단어 또는 문장이 둘 이상의 의미로 해석될 수 있도록 표현하는 기법으로 하나의 한글에 두 가지 의미를 부여하거나 한글과 외래어 각각의 의미를 하나의 단어로 표현을 하여 매우 효율적으로 활용될 수 있다. 소비자가 일반적으로 이해하고 알고 있던 단어를 기발한 아이디어로 재해석한 의미를 담을 수 있으므로 처음 그 브랜드를 접했을 때 매우 신선한 느낌과 창의적인 느낌을 진달하여 소비자가 그 브랜드를 쉽게 기억할 수 있도록 한다.

예 배달의 민족(배달 : 우리나라의 상고 시대 이름/물건을 가져다가 주다), TOOK 사진공방(Took : 사진을 찍다/툭! 찍어도 인생사진), 서울로(서울로/서울+路), KT 5G 캠페인 Hi Five!(Hi 5 : 안녕 5G/High 5 : 더 고품질의 5G/High Five : 두 사람이 손바닥을 마추치는 행동), 아이! 깨끗해(감탄사 '아이!'/어린 아이도 안심하게 사용하는 손세정제), 시원스쿨(이시원 대표/시원하게 영어 해결)

언어유희를 통한 알파벳의 한글화

이 기법은 브랜드 네임을 만들기 위한 기법이라기 보다는 조금 더 친근하면서 창의적인 느낌을 소비자에게 전달할 수 있는 커뮤니케이션 기법으로 최근 광고에 많이 등장하는 기법이다. 신세계가 운영하는 웹 사이트 SSG닷컴의 'SSG'는 영어로 발음하면 '에스에스지'로 다섯 음절이나 되는 평범한 이니셜이었다. 이를 한글 발음인 'ㅅㅅㄱ'으로 1차 변환하고 그것을 다시 소리내어 읽을 수 있도록 '쓱'이란 1음절의 발음으로 2차 변환하는 과정을 통해 간단하고도 기발하게 커뮤니케이션을 할 수 있는 광고적 요소로 개발하였다.

LG Fashion의 'LF'나 Lotte Duty Free의 'LDF'의 경우 알파벳에서 찾을 수 있는 한글 형태를 분석하고 조합하여 '냐'와 '냠'이라는 1음절 형태의 한글을 만들어 냈다. 이 디자인적인 요소 또한 광고의 도구로 활용하고 있다.

이렇게 한글과 알파벳의 경계를 허무는 기법들은 소비자들에게는 매우 신선하게 다가와 한 번 더 눈길을 끌게 만든다.

예 SSG→ㅅㅅㄱ→쓱, LF Mall(LG Fashion Mall)→냐, LDF(Lotte Duty Free)→냠

모음 삭제 기법

알파벳으로 구성된 단어에서 너무나 익숙하거나 삭제했을 때에도 발음에 지장을 주지 않는 모음은 과감히 삭제하는 기법으로 이를 활용할 때에는 필수적인 조건들이 있다. 첫째, 누구나 사용된 그 원단어의 의미를 알 수 있을 정도로 쉬운 단어여야 하며, 둘째, 다른 모음이 들어갔을 때 다른 의미나 부정적인 의미로 오인지 될 수 있는 단어는 활용해서는 안된다.

2011년도에 모토로라에서 나온 '레이저RAZR'가 이 기법을 활용하였는데, 면도날Razor처럼 날카로운 모양의 제품을 표현했던 브랜드 네임으로 매우 성공적인 사례라고 할 수 있다.

조금 더 과감하게 모든 모음을 삭제하는 경우도 있는데, 그 때에는 사용되는 단어가 브랜드의 콘셉트를 매우 쉽고 명확하게 설명해 줄 수 있어야 하며 가독성을 고려해서 그 철자의 수는 5개가 넘어가지 않는 것이 좋다.

이러한 기법은 디자인적으로 세련됨을 표현하거나 모음이 없이도 단어가 읽힐 수 있다는 재미와 호기심을 줄 수도 있으며, 더 나아가서는 각 철자에 추가적인 의미를 부여할 수도 있다.

사실 이러한 트렌드가 시작된 데에는 재미있는 에피소드가 있다. 2004년 온라인 사진 공유 커뮤니티 사이트인 '플리커Flickr'는 원래 'Flicker'로 서비스명을 만들고 'flicker.com'이라는 도메인을 사용하고 싶었으나 그 당시 그 도메인을 소유하고 있던 개인과 합의가 되지 않자 'e'를 삭제하고 'Flickr'를 탄생시켰다.

> 예 텀블러(Tumblr, Tumbler), 그라인더(Grindr, Grinder), 리슨(LSTN, Listen), 트래블채널(Trvl Channel, Travel Channel), 퀴저(QZZR, Quizzer)

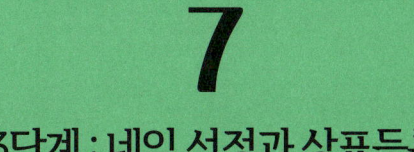

7

3단계 : 네임 선정과 상표등록

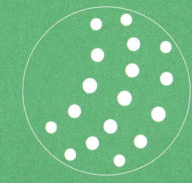

네임 후보안 선정 기준은 일반적으로 기억의 용이성, 암시성, 차별성, 부정 의미 배제, 법적 보호성 다섯 가지로 나누어볼 수 있고 경우에 따라 확장성이나 포괄성 등의 기준을 추가할 수 있다. 후보안 선정 단계에서 중요한 과정 중의 하나가 바로 상표 검색 부분이다. 아무리 좋은 의미를 가진 네임이라고 할지라도 상표 검색에서 탈락되는 네임안은 무용지물이 될 수 있다. 따라서 상표 검색에 앞서 일반적인 상표법에 관해 이해가 필요하며 상표 검색 시 유의할 점 등에 대해 반드시 숙지해야 한다.

브랜드 네임 후보안
선정 기준은 무엇일까

프로젝트 성격을 살핀 후, 후보안 선정 기준 설정하기

네임 후보안 선정 기준은 일반적으로 다섯 가지(기억의 용이성, 암시성, 차별성, 부정 연상 배제, 법적 보호성)로 나누어볼 수 있는데 프로젝트의 성격에 따라서는 또 다른 기준을 추가할 수도 있다. 예컨대 개별 브랜드가 아닌 패밀리 브랜드 네임을 개발할 경우 다섯 가지의 선정 기준 이외에 확장성이나 포괄성 등의 기준을 추가할 수 있다. 이처럼 프로젝트의 성격을 면밀히 살핀 후에 후보안 선정 기준을 설정해야 한다.

후보안 선정 단계에서 중요한 과정 중의 하나가 바로 상표 검색 부분이다. 아무리 좋은 의미를 가진 네임이라고 할지라도 상표 검색에서 탈락하는 네임안은 무용지물이 될 수 있다. 따라서 상표 검색에 앞서 일반적인 상표법에 관한 이해가 필요하며 상표 검색 시 유의 사항 등에 대해서도 반드시 숙지해야 한다.

이제부터 일반적인 후보안 선정 기준 다섯 가지에 대해 자세히 살펴보고, 선정 기준에 따라 어떻게 평가하며 상표 검색은 어떻게 하는지에 대해 알아보자.

브랜드 네임 후보안의 5가지 선정 기준

브랜드 네임 후보안의 선정 기준은 네이밍 전문 회사마다 차이가 있으나 가장 기본적인 선정 기준을 설명하면 다음과 같다.

첫째, 기억하기 쉬운 네임이어야 한다. 브랜드 네임은 시각적·음성적·의미적으로 소비자의 머릿속에 침투해서 작용하는 개념이기 때문에 기억하기 쉬운 것일수록 좋다. 브랜드 네임이 이 세 가지 관점에서 독특하고 튀는 네임이라면 소비자의 머릿속에 저장되어 브랜드에 대한 정보를 갖게 함으로써 제품 구매에 도움이 될 수 있다.

둘째, 제품군에 따라 제품의 속성을 적절하게 암시해줄 수 있는 네임이어야 한다. 즉, 제품에 대한 연상 작용을 불러일으키는 데 도움이 되어야 한다. 특히 식품이나 의약품 등 생활 필수 제품군의 네임을 개발할 때는 제품의 속성이나 특징을 서술해주거나 암시해주는 단어를 활용해 제품과의 연관성을 높이는 네임으로 개발하는 것이 좋다.

예컨대 '풀무원'이나 '청정원'은 제품의 속성을 그대로 나타내주지는 않지만 제품의 특징, 즉 '깨끗함', '청결함' 등 자연 친화적인 식품임을 간접적으로 암시해주고 있다.

셋째, 경쟁 브랜드 네임과 차별화되는 네임이어야 한다. 같은 제품군 내에서 경쟁 브랜드 네임과의 차별화를 통해 경쟁 우위를 가질 수 있는 네임이어야 한다는 말이다. 다른 네임과 차별화되지 못하고 누구나 모방할 수 있는 네임은 결국 경쟁에서 뒤처질 수밖에 없다. 반면 혁신적이고 차별화된 네임은 소비자에게 실질적인 편익을 제공함은 물론 현재 브랜드에서 새로운 브랜드로의 변화를 이끌 수도 있다.

예컨대 우리나라 증권회사의 경우 기존에는 대부분의 증권회사들이 대우증권, 한화증권, 삼성증권 등 한문이나 국문 표기의 그룹명 네임을 많이 활용했다. 그러나 쌍용증권은 그룹명을 버리고 '굿모닝증권'으로 네임을 바꾸었다. 이것은 기존의 증권회사 네임과는 매우 차별화된 네임이었다. 네임을 바꾼 후 '굿모닝증권'은 쌍용증권이었을 때보다 고객 수가 증가했고 고객 예탁금도 많아져서 증권업계에서 높은 경쟁력을 갖게 되었다.

넷째, 부정 연상이 없는 네임이어야 한다. 브랜드 네임의 발음이나 의미는 지역과 국가에 따라 서로 다르게 받아들여질 수 있다. 특정 지역이나 특정 국가에서 부정 연상을 일으키는 브랜드 네임이 론칭될 경우 그곳에서의 브랜드 활동에 많은 부정적인 영향을 미쳐 브랜드의 생명이 위험해질 수도 있으므로 반드시 부정 연상 체크를 통해 이상 유무를 확인해야 한다.

예컨대 삼성전자의 고급 냉장고 '지펠'의 경우 원래 'Gipfel'이라는 브랜드 네임으로 론칭하려 했으나 'Gipfel'이라는 단어가 독일에서 속어로 남성의 성기라는 뜻을 갖고 있어 철자를 'Zipel'로 변형해 론칭했다. 이처럼 개발한 네임에 대한 부정 연상 체크는 매우 중요하다. 또 다른 예로 한국에서 매운 음식을 먹을 때 같이 마시는 '쿨피스'라는 음료수는 영어 발음이 'Cool Piss(차가운 소변)'로 발음이 되기 때문에 영어권 나라로 수출시에는 새로운 네임으로 반드시 재고되어야 한다.

다섯째, 법적으로 보호받을 수 있는 네임이어야 한다. 아무리 차별화되고 제품과의 연상 작용이 뛰어난 네임이라 하더라도 법적 보호를 받지 못한다면 그 브랜드 네임으로서의 가치는 반감될 수밖에 없다. 상표등록을 통해 법적 보호를 받으면 브랜드 네임을 안전하게 사용할 수 있고 경쟁사의 모방을 막는 데도 큰 역할을 한다. 만일 자사의 브랜드 네임이 상표등록을 받지 못해 경쟁사들이 똑같거나 유사한 네임을 사용한다면 자사의 이미지나 신용에 막대한 타격을 받을 수밖에 없다.

5가지 브랜드 네임 선정 기준
• 기억의 용이성(memorable) • 암시성(transferable) • 차별성(differentiate) • 부정 연상 배제(발음 및 의미, negative exception) • 법적 보호성(registrable)

예컨대 '안흥찐빵'의 경우 실제 사용자가 상표등록을 하지 않고 대신 타인이 이를 법적으로 등록받아 실제 사용자에게 사용권에 대한 돈을 요구함으로써 법적 소송에 휘말리는 일도 있었다. 이처럼 기업에게 브랜드 네임이 중요한 이유 중 하나는 상표등록을 통해 타인이 자신의 브랜드 네임을 남용하는 것을 방지하는 지적 재산권 역할을 하기 때문이다.

브랜드 네임 후보안을 5점 척도로 평가하라

네임 후보안 평가하기

앞서 다섯 가지 브랜드 네임 선정 기준 중 법적 보호성을 제외하면 다음과 같은 방법(5점 척도)으로 네임안들을 평가할 수 있다. 평가에 사용된 네임은 신축성 섬유의 브랜드 네임 후보안들로, Actone(액트원), Streon(스트레온), Absolite(엡솔라이트), Ezfree(이지프리), Xmotion(엑스모션), Spectiv(스펙티브) 여섯 가지이다.

기억의 용이성

여섯 개의 네임안들의 기억의 용이성을 5점 척도로 평가해 점수화한다. 다음의 네임안들은 기억하기 쉬운가?

암시성

여섯 개의 네임안들이 신축성 섬유 소재임을 암시하고 있는지에 대해 5점 척도로 평가해 점수화한다. 다음의 네임들이 서비스의 특성을 암시하고 있는가?

차별성

여섯 개의 네임안들이 경쟁 브랜드 네임과 차별성이 있는지에 대해 5점 척도로 평가해 점수화한다. 다음의 네임들이 다른 신축성 섬유 소재 브랜드 네임과 차별성이 있는가?

발음의 용이성

여섯 개의 네임안들의 발음의 용이성에 관해서도 5점 척도로 평가해 점수화한다. 다음의 네임안들은 발음하기 쉬운가?

부정 연상 이미지 체크

여섯 개의 네임안에 대해 부정적인 의미나 발음, 또는 연상되는 것이 있는지를 체크한다. 다음의 네임들을 보고 떠오르는 느낌이나 생각을 적어본다.

네임안	연상되는 모든 것을 적으시오
Actone(액트원)	
Streon(스트레온)	
Absolite(앱솔라이트)	
Ezfree(이지프리)	
Xmotion(엑스모션)	
Spectiv(스펙티브)	

이상의 모든 평가 내용들을 고려한 후 마지막으로 상표 검색

에서 등록 가능한 네임안이 후보안으로 선정된다. 그러나 최근에는 앞서 평가 항목들을 검토하기 이전에 미리 동일 검색을 한 후 그중 살아남은 안들만 다섯 가지 선정 기준에 의해 평가한 후 다시 유사 검색을 실행해서 이때 살아남은 네임안들을 최종적인 후보안으로 선정하기도 한다.

상표등록 가능 여부

여섯 개의 네임안의 상표등록 가능 여부에 관해 상표 검색을 실시한다. 이때는 동일 검색은 물론 유사 검색까지 실행해야 하며, 최근에는 도메인 검색까지 마친 네임안을 후보안으로 선정한다.

네임안	상표 검색 결과 (○), (△), (×)	도메인 검색 결과 com, co.kr (○), (×)	비고
Actone(액트원)			
Streon(스트레온)			
Absolite(엡솔라이트)			
Ezfree(이지프리)			
Xmotion(엑스모션)			
Spectiv(스펙티브)			

상표등록을 위한 요건을 검토하라

상표법에 따른 상표등록 요건

네임안들에 대해 동일 또는 유사한 상표가 있는지 검색하기에 앞서 상표등록 요건을 갖추었는지를 검토해야 한다.

다음은 우리나라 상표법에 적시한 상표등록의 요건과 상표등록을 받을 수 없는 상표에 대한 규정을 정리한 것이다.

상표법 제6조 – 상표로서 등록받기 어려운 경우

① 보통명사인 경우

　예 시계, 호도과자, 카메라

② 관용적인 표현인 경우(대다수의 사람들이 제품을 지칭하기 위

해 관용적으로 사용하는 상표)

> 예 감기약→아스피린, 의류 및 직물→TEX/LON, 구중 청량제→인단

③ 제품의 속성을 그대로 나타내는 경우(단순히 제품의 효능이나 성능을 직접적으로 나타내는 상표)

> 예 산지 표시 : 안경→Vienna line, 닭갈비→춘천 닭갈비
>
> 품질 표시 : 셔츠→하이런닝, 환경 관련 제품→green/무공해
>
> 원재료 표시 : 의류→silk
>
> 효능 표시 : 약품→잘나, 비누→우아미
>
> 용도 표시 : 음료수→다이어트 코크, 축구화→Kickers
>
> 수량 표시 : 100%, 100g, 10봉지
>
> 형상 표시 : 캡슐(의약품), System12(전기기구)
>
> 가격 표시 : 300원
>
> 가공 및 생산 방법 표시 : 책상→조립, 치킨→멕시칸

④ 현저한 지리적 명칭, 약어 또는 지도만으로 표현된 경우

> 예 런던, 뉴욕, NY(뉴욕의 약어), 에베레스트

⑤ 흔한 성 또는 명칭으로만 표현된 경우

> 예 ceo, 회장, 김씨, 이씨, 박씨, 황영조

⑥ 간단하고 흔한 철자로만 표현된 경우

> 예 영문자 두 글자 이하, 한 글자의 한글, 한 글자의 한자

⑦ 기타 식별하기 어려운 경우

> 예 장소 개념으로 사용한 것 : land, mart, plaza, 나라, house, city,

town, park, village, world, club

통신업과 관련된 것 : cyber, net, tel, web, com

금융업과 관련된 것 : cash, card, pass

상표로 볼 수 없는 것 : 인류를 아름답게 사회를 아름답게

상표법 제7조 – 상표로서 등록받기 어려운 네임

① 국기나 저명한 국제기관의 표장과 동일 또는 유사한 네임

  예 국기 : 태극기, 성조기, 일장기

  저명한 국제기관 : OPEC, EC, IMF

② 국가, 민족이나 저명한 고인을 비방하거나 모욕할 염려가 있는 네임

  예 러시아인, 미국인, 양키, 흑인 등을 모욕하는 네임

  고인이 된 제임스 딘을 비방하거나 모욕하는 네임

③ 국가, 공공단체 및 공익법인의 비영리 업무를 나타내는 저명한 표장과 동일 또는 유사한 네임

  예 YMCA, MBC, KBS, 보이스카우트

④ 공공질서 및 선량한 풍속을 문란하게 할 염려가 있는 네임(사회의 건전한 상식에서 어긋나는 것)

  예 과격한 슬로건, 외설적인 네임, 욕설

⑤ 박람회 표장과 동일 또는 유사한 네임

  예 EXPO, COEX

⑥ 유명한 타인의 이름이나 상호를 포함하는 네임

> 예 '박찬호'라는 이름을 허락받지 않고 사용하는 경우

⑦ 타인의 등록상표가 소멸한 날로부터 1년이 경과하지 아니한 네임과 상표권이 만료되고 1년 이내에 하는 출원은 등록받을 수 없음

⑧ 기존 등록된 상표와 동일하거나 유사한 네임

> 예 외관 유사 : hope-hape, 백화-박화, NIKE-NIKKE
>
> 칭호가 유사한 것 : Inter cepter-인터셉트, TVCC-TBCC, Sunrex-Sunrrex
>
> 관념이 유사한 것 : 별-Star, 라이온-lion
>
> 결합 상표로 유사한 것 : 동아-신동아, Melody-My Melody, 포테이토-농심 포테이토, 프라자-동방 프라자, Sun Home-Home service, King-King tex

⑨ 주지 상표와 동일 또는 유사한 네임

등록하지 않은 주지 상표를 포함해 주지 상표 소유자의 승낙 유무도 불문한다. 주지 상표 여부는 사용 기간, 방법, 사용량, 거래 범위 등 제품 거래 사회의 실정 및 사회 통념상 객관적으로 널리 알려져 있는가의 여부를 기준으로 한다. 입증 방법은 사용에 의한 식별력이 있는 것을 중용한다.

> 예 저명 상표 : Cartier, Chanel, 농심, 애니콜, 하이트
>
> 품질의 오인이나 수요자를 기만할 염려가 있는 네임 : '위스키아'

라는 네임을 보고 양주인 줄 알았는데 소주인 경우

수요자를 기만할 여지가 있는 네임 : 'Maid in swiss'라는 네임을 보고 시계를 구입했는데 스위스 산이 아닌 국산일 경우

상표 검색

상표 검색이란 상표의 유효성 판단 중 선 출원으로 저촉 상표가 있는지 여부를 찾아가는 과정을 말한다. 이때 '저촉'의 의미는 상표가 동일 또는 유사하고 제품 또한 동일 또는 유사한 경우를 가리킨다.

상표 검색을 하기 위해서는 먼저 제품 및 상표의 유사 범위를 정해야 한다. 이 유사 범위에 관해서는 특허청 홈페이지 www.kipo.go.kr 간행물의 '유사상표 심사기준'을 활용하면 편리하다. 이것이 정리되면 상표 검색을 실행한다. 일반적으로 상표 검색은 상표 검색 DB를 이용해 실행하며, 특허정보넷 키프리스 홈페이지 www.kipris.or.kr에서는 무료 상표 검색 툴을 제공하고 있으므로 이를 활용하는 것도 좋다.

제품 및 상표의 유사 범위 설정

상표를 등록하고자 하는 제품이 속하는 상품류를 찾는다. 정

의된 유사 상표의 범위에 따라 검색할 상품류를 정한다. 이때는 특허청의 유사 상표 심사 기준에 따라 한국 분류와 국제 분류를 모두 찾아야 한다.

동일 상표 검색

등록하고자 하는 제품이 속하는 상품류나 서비스류에 대해 동일 상표가 출원 또는 등록되어 있는지를 찾는다. 동일 상표가 이미 등록된 경우 그 상표는 사용할 수 없고, 동일 상표가 출원되어 있으면 그 상표는 등록할 수 없다. 하지만 이미 출원된 상표라 하더라도 그것이 거절되거나 등록을 취소한 경우에는 등록할 수 있다. 그리고 비록 상표등록이 되었다 하더라도 존속기간(10년)이 만료된 후 갱신 등록 출원이 없는 경우에는 등록할 수 있다.

검색식 작성

유사한 상표가 그 상품류에 속하는지 찾기 위해 검색식을 작성한다. 이것이 만들어지면 검색식을 데이터베이스에 집어넣어 검색하는데 그 과정은 다음과 같다.

① 상표의 앞과 뒤쪽에 다른 문자를 가지는 상표가 있는지를 검색한다. 'Humax'의 앞과 뒤로 다른 문자를 가지는 상표가 있는지를 검색하려면 '?humax?'를 검색식에 대입해 실행한다.

② 결합 상표인 경우 결합 상표를 이루는 각각의 구성 요소에 대해 그 구성 요소의 앞과 뒤에 다른 문자를 가지는 상표가 있는지를 검색한다. 'Humax life'와 같은 상표의 경우 '?humax?'와 '?life?'를 모두 검색식으로 해야 하고 '?humax life?'도 검색식으로 해야 한다.

③ 식별력이 없는 부분이 있는 경우에는 그 부분을 제외한 부분에 대해 위 ①과 ②의 과정을 반복한다('?Humax?', '?KID Haumax?').

④ 상표의 외관, 칭호, 관념 각각에 대해 유사한 네임을 상정하고 그 각각에 대해 위 ①에서 ③까지의 과정을 반복한다('?Huma?', '?umax?', '?max?').

⑤ 검색식이 만들어지면 검색식을 데이터베이스에 집어넣어 검색한다. 검색된 결과를 보고 상표법의 유사 판단 법리에 따라 유사한 상표가 있는지를 판단한다.

상표등록 프로세스

상표등록을 하려면 상표 출원서를 작성해 특허청에 제출해야 한다. 상표권의 설정은 무형의 표장을 대상으로 하므로 엄격한 방식주의를 채택하고 있다. 그러므로 출원인은 반드시 이 절차를 준수해야 한다. 상표 출원서에는 출원인의 성명 및 주소, 상표(견본), 상표를 사용할 상품 및 상품이 속한 상품류, 출원 연월일 등의 사항을 기재해야 한다. 즉, 어떤 사람이 어떠한 상표를 어떤 상품에 사용하기 위해 언제 출원했는지를 표시하기 위한 것이다. 상표 출원료는 특허청에 내는 출원 수수료로 기본 1상품류, 상품 20개 미만 56,000원이다(20개 초과 시 2천 원씩 가산). 서면으로 작성했을 경우 특허청 서울 사무소나 대전 특허청에 직접 방문해서 출원해도 되고 우편으로 접수해도 된다. 또한 전자 출원을 하기 위해서는 특허청에 먼저 전자 문서 이용 신청서를 작성해 제출하고 등록할 수 있다.

특허청은 상표 출원서를 접수한 후 출원인에게 출원 번호를 통시한다. 출원 번호의 형시은 '출원 종류-출원 연도-일련번호'를 나타낸다. 여기에서 출원 종류의 경우 40은 상표이고, 41은 서비스 표이며, 45는 상표 서비스 표, 50은 상표 갱신, 51은 서비스 표 갱신, 55는 상표 서비스 표 갱신, 70은 지정 상품 추가 출원을 나타낸다.

이러한 상표 출원 이후 특허청 심사국에서는 상표를 심사한다. 심사에 따른 소요 기간은 보통 출원일로부터 약 7개월에서 10개월 이상 걸린다. 아무런 문제없이 심사를 통과하면 상표 공고로 이어져 일반인들에게 공개되어 공중 심사 과정을 거친다. 공고 기간은 보통 1개월로 이의가 없을 경우 등록 사정을 거쳐 상표로서 등록받을 수 있다. 상표법, 국내 및 해외 검색, 상표 출원 및 등록과 관련된 자료는 상표 관련 전문 회사인 윕스의 인투마크(www.intomark.com)를 참조하면 좋을 것이다.

상표등록 프로세스

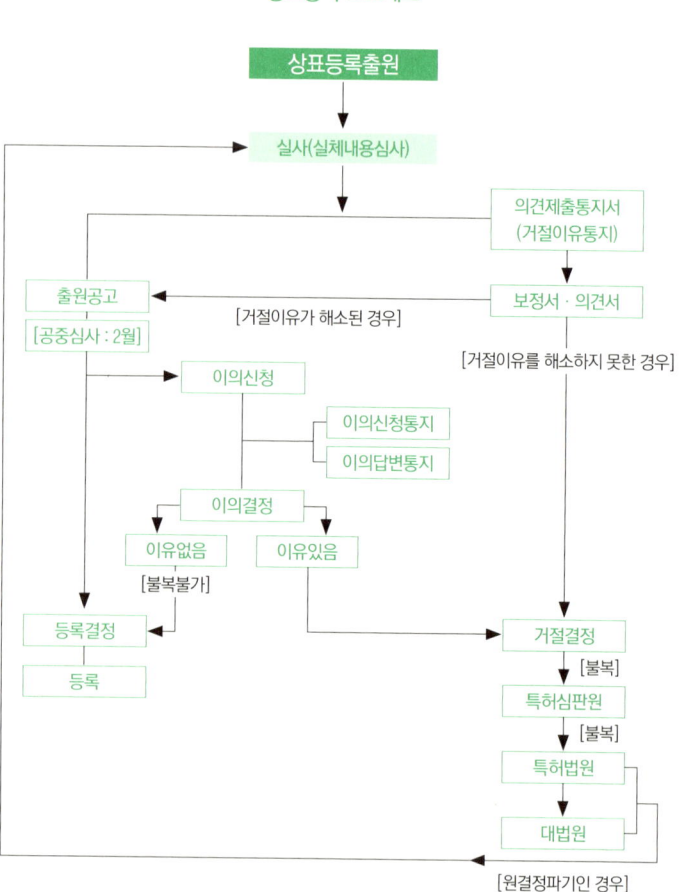

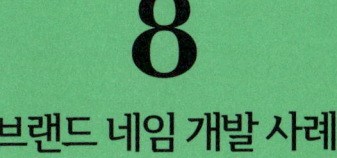

8

브랜드 네임 개발 사례

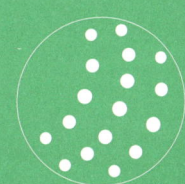

브랜드 네이밍 관련서는 대부분 외국의 사례를 중심으로 설명하기 때문에 국내 실정에 맞게 적용시키는 데에는 한계가 있다. 이 책은 한국 실정에 맞는 네임 개발 사례와 내용들로 구성했다. 특히 어느 네이밍 책에서도 찾아볼 수 없었던, (주)금오텍이 개발한 신소재 섬유의 글로벌 브랜드 네임 개발 관련 실제 사례를 설명함으로써 더욱더 이해를 돕고자 했다.

신규 브랜드 네임을 통한 기대 효과

다음의 네이밍 기획 사례는 ㈜금오텍이 개발한 기능성 신소재 섬유의 글로벌 브랜드 네임 개발에 관한 것이다. 하나의 새로운 브랜드 네임이 탄생하기 위해서는 어떤 프로세스를 거치는지 실례를 통해 살펴보도록 하자.

프로젝트 배경 및 정의

㈜금오텍은 특화된 기능성 소재를 주로 생산하는 기업으로서 새로운 기능성(고신축성) 신소재를 개발했다. 그러나 신소재 관련 섬유 시장의 경쟁 상황이 더욱 치열해짐에 따라 해외 진출을

위한 글로벌 브랜드 개발이 필요한 상황이었다. 이것이 프로젝트를 진행하게 된 주된 배경이었고, 이러한 브랜드 개발을 통해 향후 글로벌 시장 개척 및 국내 대표 섬유 브랜드로 성장하기를 기대했다.

프로젝트 배경 및 정의

자사 내부 환경	시장 외부 환경
• 축적된 노하우로 시장 예측이 빠르고, 퀄리티가 높은 제품 생산 • 일반 업체들의 원단 소재들에 비해 특화되고, 기능적인 소재들이 많음 • 끊임없는 연구개발과 공정의 체계화를 통해 선도업체로서의 면모를 갖춤(ISO 인증) • 새로운 기능성 신소재 개발로 국내 및 글로벌 시장 확대를 위한 브랜드화가 필요함	• 세계 섬유 시장 점유율 지속적 감소 추세 • 국내 섬유산업이 중국 및 인도의 저가 공세와 일본 등 선진국 사이에서 고전 • 바이오 등 새로운 기술 융합을 통한 신소재 개발 활발 • 대기업 또는 해외 기업의 섬유 원단 브랜드화 활발

↓

금오텍의 새로운 기능성 신소재 글로벌 브랜드 네임 개발

↓

기대 효과
- 신소재 개발을 통한 새로운 글로벌 시장 개척으로 이익 창출
- 해외시장을 겨냥한 국내 섬유산업 대표 브랜드로 성장 기대

시장 외부 환경 분석과
자사 내부 환경 분석

시장 분석

먼저, 시장 분석을 살펴보면 국내 섬유산업은 2000년대로 접어들면서 감소 추세를 보였고 중국과 인도가 섬유 공급 기지로 부상하고 있었다. 또한 정보 기술과 생명공학 기술의 융합으로 신소재 개발이 진행되고 있었으나 해외 소재 브랜드들과 경쟁할 수 있는 국내 대표 브랜드가 부재한 상황이었다.

정부 차원에서는 국내 섬유산업 발전 추진 전략과 해외 수출 마케팅 전략 방안 등을 내놓으며 적극적인 지지를 표현했다. 이러한 시장 분석을 통해 글로벌 브랜드 개발의 필요성이 더욱 대두되고 있음을 알 수 있었다.

시장 분석

- 국내 섬유 산업은 1971년에는 전체 수출의 41.6%를 차지했으나, 1990년대 22.7%, 2005년 4.9%로 급격히 감소
- 1988년에 세계 시장 점유율 8.3%를 기록한 이후 지속적으로 감소세
- 섬유 쿼터제 폐지로 중국과 인도가 섬유 공급기지로 부상
- 국내 섬유 산업은 지난 50년대 생산을 시작한 이후 대규모 투자가 이루어지지 않아 산업 고도화가 필요한 시점
- 정보기술(IT)과 생명공학(BT) 기술의 융합으로 다양한 새로운 소재 개발
- 해외 소재 브랜드에 대응할 수 있는 국내 섬유 대표 브랜드 부재

↓

중국·인도 등의 저가시장과 일본·미국 등 선진시장에 대비하여
신소재 개발 등을 통해 세계 시장을 향한 새로운 도약 필요

↓

국내 섬유산업 발전 추진 전략	해외 수출 마케팅 전략 방안
• 고비용, 저효율로 구조 개선 필요 • 기술혁신으로 경쟁력 강화 • 인재 양성을 통한 산업 기반 확보 • 디자인 마케팅 육성으로 부가가치 창출 • 국제 통상 관계의 변화에 따른 능동적 대처	• '한류', 월드컵을 통한 국가 이미지 상승 등을 기회로 고가 제품을 중심으로 한 전략적 마케팅 추진 필요 • 국제 마케팅 전문 인력 양성 • 미국 및 중국 등지로의 시장 접근을 위해 중남미, 베트남 등의 인접 지역 투자 방안도 적극 검토

출처 : 《서울경제신문》(2006. 11), 한국섬유산업연합회

↓

국내 섬유산업 발전을 위한 정부 차원의
적극적 지원과 업계 내부의 노력이 필요함

자사 분석

자사 분석에서 (주)금오텍은 친환경적 섬유, 첨단 기능과 패션을 겸한 새로운 원단을 개발 및 생산하는 섬유 회사이며, 해외 및 국내 영업을 통해 시장 점유율을 높이고 있음을 알 수 있었다.

자사 분석

21세기 세계 초일류
Circular Knit Fabric 기업
kum'o tex

친환경적 섬유, 첨단 기능과 패션을 겸한 새로운 원단을 개발 및 생산하는 국내 최고의 섬유 전문 회사

- 주요 사업 : 첨단 기능성 섬유 소재 생산
- 생산 법인 : 포천, 온두라스, 과테말라 위치

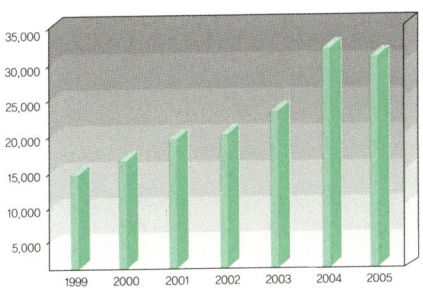

- 신소재 개발을 위한 부설 연구소를 갖추고 끊임없는 연구개발
- 해외 및 국내 영업을 통해 시장 점유율을 높이고 미래 전략 사업부를 통해 급변하는 기술 환경과 해외시장 개척
- 창업 이후 오늘까지 섬유산업의 선구자적 역할을 하며 지속적인 성장

SWOT 분석

SWOT 분석에서 자사의 약점인 국내외를 겨냥한 대표 브랜드 부재, 기능 및 용도별 제품에 대한 통합적 브랜드 관리가 부족함을 알 수 있었다. 이를 극복하기 위해서는 글로벌을 전제로 한 브랜드 개발을 통해 브랜드 인지도 상승 및 기업 브랜드 자산 구축의 기반을 마련하는 것이 필요했다.

SWOT 분석

강점(Strength)	약점(Weakness)
• 축적된 노하우를 통해 시장 예측이 빠르고, 트렌드에 앞서가는 퀄리티가 높은 제품 생산 • 해외에 수출하는 우수한 기술력 보유 • 끊임없는 연구개발과 공정의 세계화를 통해 선도업체로서의 면모를 갖춤(ISO 인증)	• 국내외 시장을 겨냥한 자사의 대표 브랜드 부재 • 기능 및 용도별 제품에 대한 통합적 브랜드 관리 부족
기회(Opportunity)	위협(Threat)
• 세계 속의 한국 이미지 상승에 따른 국가 이미지 활용 • 신소재 개발로 새로운 시장 개척	• 중국·인도의 저가 공세와 일본·미국 등 선진국의 계속되는 강세 • 2005년 섬유 쿼터제 폐지로 인해 안정적 수출 저해 • 선진국의 글로벌 브랜드력 강화

- 글로벌 시장 확대를 위한 브랜드화가 필요함
- 자사 브랜드 개발을 통해 인지도를 높이고 기업 브랜드 자산 구축의 기반을 마련

경쟁사 분석

경쟁사 분석에서는 주 경쟁 브랜드인 파워스트레치에 관해 자세히 분석했다. 파워스트레치의 특성과 네임 형태에 관한 분석을 통해 새로운 네임에 어떤 차별점을 부여해야 할지 검토했다. 스트레치를 직접 활용할 것인가 아니면 이를 대체할 수 있는 또 다른 단어를 활용할 것인가에 관해 검토했고, 아울러 국내외 기능성 소재 타 경쟁 브랜드 네임의 형태에 관해 분석함으로써 서술형의 합성어로 구성된 네임이 많다는 것을 알 수 있었다.

주 경쟁 브랜드 분석

미국 말덴사에서 개발한 보온용 의류 소재로 4방 스판의 고신축성 소재

- 가벼우면서도 땀을 제거하여 따뜻하고 상쾌한 상태를 유지해줌
- 몸을 보호해야 하는 아웃도어 용품에 적합
- 언더웨어나 중간 의류 소재로 최고의 기능을 자랑

네이밍 분석

- power(힘) + stretch(늘어나다, 신축성 있다) : 원단의 기능적인 특성을 직접적인 키워드를 통해 나타낸 서술형 네임

Power Stretch의 강점과 더불어 차별화된 기능을 첨가한
신소재 개발로 새로운 시장 진입을 노림

타 경쟁 브랜드 분석

	국내외 기능성 소재 브랜드		
	서술형		상징형
자연어	Bamboo		EPIC Shape Prestige Dynamic
합성어	AeroSilver Air-Vantage Power Strech NanoSphere SeaCell NanoSilver Hill-Tex Gore-Tex Alpa-Tex Carbon-Tex	Air CLO Nano Funcs Cool Touch Schoeller Dryskin CoolMax DrySkin WINDSTOPPER Polatec Wind Bloc Pertex(Perseverance Mills 사)	Entrant DT(Dot) X-Static Skyviva
조어	Kullite Thinsulate(thin+insulate) Schoeller-PCM(Phase Change Material)		Diaplex TOPLON(Top of Nylon) Creora(Creative+Era)

- 자연어 브랜드에는 기능 및 특성을 간접적으로 나타내는 상징형 네임이 많음
- 합성어 브랜드에는 원단의 재료 및 기능을 나타내는 네임과 소비자 편익을 나타내는 네임이 고루 분포
- 조어 브랜드에는 직접 서술형 네임과 간접 상징형 네임이 고루 분포

소비자 분석

소비자 분석에서는 1차 타깃과 2차 타깃으로 나누어서 살펴보았다. 1차 타깃은 패션이나 스포츠웨어 등의 의류 회사들이고, 2차 타깃은 일반 소비자이다.

1차 타깃인 의류 회사들은 기능성 섬유 소재를 구매해 자신의 의류에 사용한다. 소재 브랜드가 중요시되는 이유는 소비자가 완제품을 구매하면서 그 제품의 소재 브랜드가 무엇인지를 고려하기 때문이다. 그러므로 기능성 섬유 소재 브랜드의 중요성이 부각되고 있는 실정이다. 따라서 1차 타깃뿐만 아니라 2차 타깃인 일반 소비자에 관한 분석도 매우 중요하다.

2차 타깃에 관해 분석해본 결과 레저 문화 확산으로 인해 활동성이 좋은 아웃도어 웨어에 관한 수요가 증가하고 있음을 알 수 있었다. 아웃도어 웨어는 기능성 강화 및 경량화가 진행되고 있으며, 컬러와 디자인이 다양해지는 등 패션성이 강조되고 있다. 따라서 금오텍의 기능성(고신축성) 소재 브랜드는 소비자가 기능에 대해 쉽게 연상할 수 있도록 해야 했다.

소비자 분석

1차 타깃 : 의류 회사	2차 타깃 : 일반 소비자
• 기능성과 패션의 조화 염두 • 기능성 강화, 경량화 포커스	• 여성 소비자 증가, 세련된 컬러와 심플한 디자인 선호

기능성 강화　　　　　경량화　　　　　패션성
　　　　　　　　　　　　　　　　　(컬러, 캐주얼 라인 확장)

- 스포츠웨어는 기능성 강화와 더불어 컬러, 캐주얼 라인 확장 등 패션과의 조화에도 염두
- 패션 아이템의 확장으로 컬러와 디자인이 다양해지면서 여성 소비자의 선호도 증가

레저 문화 트렌드

- 주 5일 근무제의 정착으로 인해 여가 생활 증대
- 웰빙 문화 확산으로 인해 건강, 레저, 여가를 즐기는 웰빙 라이프족 증가
- 주말이나 퇴근 후 아웃도어 활동을 즐기는 아웃로족의 패션 트렌드인 '일상복의 레저화' 수요 급증
- 일상생활에서도 착용할 수 있는 세련되고 기능성이 우수한 아웃도어 제품 수요 증가

> 웰빙 문화 확산으로 건강에
> 관심을 가지는 사람이 증가하고 있으며,
> 그에 따라 활동성이 좋은
> 아웃도어 제품의 수요가 증가함

브랜드 네임 개발 전략

브랜드 콘셉트부터 도출하기

브랜드 네임 개발 전략에서는 전략의 핵심인 브랜드 콘셉트부터 도출했다. 해당 섬유 소재는 고신축성이 핵심이며, 보온성과 항균성이 뛰어난 것이 특징이다.

따라서 이 제품을 사용함으로써 소비자가 얻을 수 있는 혜택은 편안함과 활동감 그리고 가벼움을 느낄 수 있다는 것이다. 그래서 브랜드 이미지는 '자유로운 생활', '건강한 생활'이라고 표현했다. 제품의 특징, 소비자 혜택, 브랜드 이미지 분석을 통해 도출한 브랜드 콘셉트는 '건강한 생활을 위한 자유로운 날개'였다.

이러한 브랜드 콘셉트하에서 네임 개발 방향은 소재의 기능적인 속성과 소비자의 편익을 직접 설명하는 서술형 네임과 제품의 이미지를 연상시킬 수 있는 상징적 키워드를 활용한 상징형 네임, 두 가지 방향으로 설정했다.

브랜드 콘셉트 도출

Product Attribute	Consumer Benefit	Brand Image
• 흡속, 속건 • 고신축성, 보온성, 항균	• 편안함 • 활동성 • 가벼움	• 자유로운 생활 • 건강한 생활

↓

건강한 생활을 위한 자유로운 날개
(Free Wing for Well-being Life)

↓

브랜드 네임 개발 방향

개발 방향 ❶ 직접 서술형 표현	개발 방향 ❷ 간접 상징형 표현
• 원단의 기능적 속성과 소비자 편익을 직접 설명하는 서술형 네임 • Light, Stretch, Air, Flexible	• 제품의 이미지를 연상할 수 있는 상징적인 키워드를 통해 간접적으로 표현하는 상징형 네임 • First, Excellent, Care, Superior, Free, Active…

브랜드 네임 표현 전략

언어적 측면 고려하기

표현 방법으로는 먼저 언어적 측면에서 글로벌 브랜드임을 감안해 영어 위주로 활용하되 제2외국어까지 고려하고, 언어 형태는 합성어·자연어·조어 등으로 설정했으며, 음절 수는 3~7음절까지 고려했다. 네임이 7음절이 넘을 경우 너무 길어서 브랜드 인지에 어려움이 있을 것으로 판단했다. 또한 네임은 의미적으로는 활동성과 자유로움을 담아야 하며, 음성적으로는 인상적이고 강하게 들릴 수 있어야 했다.

네임 표현 방법

사용 언어	영어, 제2 외국어
언어 형태	합성어, 자연어, 조어
음절 수	3~7음절
의미적 소구	Active, Freely…
음성적 소구	Powerful, Strong

브랜드 네임 개발 가이드라인

후보 네임이 다른 경쟁 브랜드와 차별성이 있는지, 제품의 기능을 잘 표현할 수 있는 전문성(암시성)이 있는지, 타깃에 적합한 네임인지, 기억 및 발음에 용이성이 있는지 검토했다.

네임 개발 가이드라인

차별성	경쟁 제품과 차별화되는 네임인가?
전문성	관련 제품의 기능을 잘 표현한 네임인가?
타깃 적합성	타깃의 기호와 적합한 네임인가?
기억의 용이성	소비자가 쉽게 기억할 수 있는가?
발음의 용이성	소비자가 쉽게 발음할 수 있는가?

후보안 및 최종안 선정

방향성에 따라 후보안 도출하기

앞서 시장 분석 및 전략 수립을 통해 방향성을 설정했고 방향성에 따라 후보안을 도출했다. 해당 상품류에 동일 및 유사상표 검색을 거친 후보안은 각 방향에 따라 세 개안씩 도출되었고 이를 (주)금오텍의 사장 및 임원들에게 보고했다.

각각의 후보안들에 대해 후보안 가이드라인을 기준으로 평가가 진행되었다. 그 결과 활동성이라는 기능적인 의미와 No.1이라는 의미를 지닌 Actone(액트원)이 최종안으로 선정되었다.

후보안 모음

개발 방향 ❶ 직접 서술형	개발 방향 ❷ 간접 상징형
Streon 스트레온	**Actone** 액트원
Absolite 엡솔라이트	**Spectiv** 스펙티브
Ezfree 이지프리	**Xmotion** 엑스모션

최종안

Actone
액트원

참고 문헌

국내 문헌

권익현 외, 마케팅 관리적 접근, 경문사, 1999
김상률, 잘 지은 브랜드 못 지은 브랜드, 한국브랜드관리사회, 2003
김정일, 토탈 브랜드 네이밍, 동문사, 1993
김형진, 미국 상표법, 지식공작소, 1999
신현암 외, 브랜드가 모든 것을 결정한다, 삼성경제연구소, 2000
안광호 외, 전략적 브랜드관리, 학현사, 1999
안광호·이진용, 브랜드파워, 한언경영연구, 1998
잭트라우트·알리스, 마케팅 불변의 법칙, 십일월출판사, 1994
잭트라우트·알리스, 포지셔닝, 을유문화사, 2001
조서환·추성엽, 대한민국 일등상품 마케팅전략, 위즈덤하우스, 2005
조혁근, 브랜드 성공을 위한 상표관리, 서해문집, 2002

해외 문헌

Frank Delano, *The Omnipowerful Brand*, amacom, 1995
Henri Charmasson, *The Name is The thing*, amacom, 1995
John M. Murphy, *Branding : A key marketing too*, McGrawHill Book Company, 1987
John M. Murphy, *Brand Strategy*, Director Books, 1990
Susannah Hart and John Murphy, *BRANDS*, Interbrand, 1998
Peter Newell, *Topsys & Turvys*, 1893
John Langdon, *Wordplay: The Philosophy, Art, and Science of Ambigram*, Broadway Books, 2005

세상 모든 글쓰기
브랜드 네이밍

1판 1쇄 발행 2020년 11월 20일
1판 2쇄 발행 2022년 10월 26일

지은이 김상률, 정이찬

발행인 양원석 **편집장** 정효진 **책임편집** 한지연
디자인 남미현, 김미선 **영업마케팅** 양정길, 윤송, 김지현

펴낸 곳 ㈜알에이치코리아
주소 서울시 금천구 가산디지털2로 53, 20층 (가산동, 한라시그마밸리)
편집문의 02-6443-8859   **도서문의** 02-6443-8800
홈페이지 http://rhk.co.kr
등록 2004년 1월 15일 제2-3726호

ISBN 978-89-255-8953-4 (13320)

※ 이 책은 ㈜알에이치코리아가 저작권자와의 계약에 따라 발행한 것이므로
본사의 서면 허락 없이는 어떠한 형태나 수단으로도 이 책의 내용을 이용하지 못합니다.
※ 잘못된 책은 구입하신 서점에서 바꾸어 드립니다.
※ 책값은 뒤표지에 있습니다.